SI LOS GUANCHES ERAN BEREBERES,

¿QUIÉNES ERAN LOS **BEREBERES**?

Si los guanches eran bereberes, ¿quiénes eran los bereberes?

Imagen de cubierta
Basado en pintura rupestre de Tasili (Argelia).

Fotografías del interior
© Renata Ana Springer Bunk
(excepto en las que se indique otro autor/fuente)

Diseño y maquetación
Yurena Cabrera Vera

LeCanarien ediciones
Avda. de Canarias, 12
La Orotava – S/C de Tenerife
www.lecanarienediciones.com
686 186 730

Primera edición
Santa Cruz de Tenerife, junio 2025

ISBN: 978-84-19694-95-9
DL: TF 251-2025

Renata Ana Springer Bunk

SI LOS GUANCHES ERAN BEREBERES, ¿QUIÉNES ERAN LOS **BEREBERES**?

A Javier, por ser como es.

PRÓLOGO

En los últimos años Renata me hablaba con frecuencia sobre un proyecto editorial que le rondaba la cabeza, en el que tuvieran cabida algunas de las muchas fotografías que había ido atesorando durante décadas de investigaciones en el Norte de África y Sáhara. El valor de las mismas estriba en el gran valor documental de unas imágenes no siempre repetibles -al menos de momento-, pues las tensiones políticas y la violencia desatada en algunas regiones convierten hoy en una azarosa aventura -cuando no en un plan imposible- volver a recorrer parte de los macizos montañosos, los wadis, los desiertos y los oasis que ella libremente transitó.

Finalmente se decidió a preparar un libro donde las imágenes son la excusa para hablar de quienes han ocupado sus empeños durante gran parte de su vida: los bereberes, los amaziges.

Con ello recupera de alguna manera una práctica que iniciamos un grupo de colegas a finales de la década de 1970 y que decaería poco a poco a principios de los 90. Consistía en reunirnos periódicamente cada dos o tres semanas en un despacho o en el laboratorio del Departamento de Arqueología y Prehistoria de la Universidad de La Laguna, para exponer los resultados de la investigación de cada cual, para debatir sobre determinados temas, o simplemente para compartir experiencias profesionales. Hoy nos resulta asombroso que al principio algunos miembros de la Universidad miraran con desconfianza aquellos seminarios (se presentaron al Decano dos protestas), que en otras latitudes eran práctica común y luego se institucionalizarían también en la nuestra.

Una parte fundamental de las sesiones era el soporte gráfico, pues teníamos por costumbre proyectar series de diapositivas relacionadas con el tema tratado, las más de las veces sobre excavaciones, prospecciones, materiales arqueológicos o incluso viajes. La filosofía era compartir libremente nuestras más recientes adquisiciones, sin sentido patrimonialista del conocimiento, sin esperar a difundirlo por el papel impreso (porque entonces no existían los otros medios de transmisión que la actual meritocracia académica considera puntuables). A las primeras reuniones acudían de manera más asidua Ernesto Martín, Renata Springer, Vicente Valencia, Javier Alom, Julio Cuenca y un servidor. Posteriormente, aquel grupo inicial se fue renovando con nuevas incorporaciones, como Juan Carlos Hernández, Amelia Rodríguez, Mayte Ruiz, Carlota Mora y otras.

Renata, que era una de las más activas, nos mantenía al día sobre sus avances en el estudio de la escritura líbico-bereber en nuestro archipiélago y despertaba especiales expectativas cuando nos informaba prolijamente sobre sus viajes de investigación por Marruecos, Argelia, Túnez, Libia o Mali. Esas tertulias fortalecieron lazos y generaron otros nuevos, que de manera natural propiciaron colaboraciones en proyectos o que emprendiéramos actividades más lúdicas, como las excursiones arqueológicas y de otro tipo, o las reuniones periódicas en domicilios particulares. En esto último tuvo un papel primordial nuestra autora, porque el lugar de encuentro más habitual era precisamente la casa de Renata y Ricardo Alvarado en Bajamar, donde supieron aglutinar a gentes del gremio de la arqueología y otras amistades con intereses diversos, incluidas algunas del ambiente independentista canario, así como berberólogos foráneos que ocasionalmente recalaban por aquel punto de confluencia.

Fue precisamente desde su posición política nacionalista -muy acentuada en aquella época- como se despertó en Renata el interés por el mundo amazige en general y por su escritura en particular. Lo cual resulta una asociación bastante común en Canarias, donde las construcciones identitarias suelen apelar preferentemente al mundo indígena y, por ende, a sus raíces amaziges. Pero eso pronto derivó de manera natural hacia una mirada eminentemente científica, libre de ataduras subjetivas, donde el objeto de sus querencias se convirtió muy rápidamente en un proyecto de vida como investigadora, al que se ha mantenido siempre fiel.

En un momento de madurez intelectual, tras haber publicado sobre la escritura de los amaziges canarios y sus parientes continentales, Renata regresa con este libro a sus interrogantes iniciales, ahora con respuestas sólidas basadas en décadas de investigación. Son respuestas destinadas al gran público, a personas que se encuentren en la misma situación en que estaba ella cuando quería saber quiénes eran aquellos norteafricanos que se convirtieron en los primeros canarios y son los singulares ancestros de los canarios actuales.

Cuando se comienza a leer cualquier libro es aconsejable no saltarse la introducción, pero en este caso es imprescindible, porque en ella encontraremos la explicación primordial y también las claves de su contenido. Allí la autora relata por qué se decidió a escribir esta obra y con qué objetivo. Luego nos pone en situación respondiendo directamente a la pregunta nuclear de quiénes fueron y son los beréberes, epígrafe de lectura necesaria antes de abordar los capítulos siguientes. A renglón seguido aclara la estructura de la obra, que es el desarrollo pormenorizado de esa respuesta.

En los siguientes capítulos se ponen de relieve las creaciones más representativas y destacables de los amaziges continentales, a veces con singulares saltos al archipiélago canario para mostrar sus analogías insulares. Son bloques temáticos que en la medida de lo posible procuran seguir un orden cronológico y geográfico. En ellos encontraremos imágenes y explicaciones sobre la lengua -elemento primordial de la identidad amazige-; sobre las extraordinarias manifestaciones rupestres y sus sucesivos periodos o estilos; sobre las dinastías egipcias libias -amaziges orientales- y la representación gráfica de libios en esa y anteriores épocas; sobre evidencias arqueológicas de ciudades y necrópolis garamantes -amaziges del desierto de Libia-; sobre la arquitectura real de los numidas -amaziges del mediterráneo-; y, como colofón, sobre la escritura líbico-beréber en el norte de África y en Canarias.

El texto está redactado en un lenguaje llano, pretendiendo ser asequible a cualquier lector, tan cercano a lo conversacional que al leerlo uno reconoce la manera que tiene Renata de expresarse verbalmente. Y el material gráfico ha sido seleccionado con un criterio documental, por su validez como apoyo necesario para el texto. La combinación de ambos convierte este libro en un instrumento útil para entender quiénes eran aquellas gentes que abandonaron su tierra norteafricana para colonizar y hacer suyas unas islas del Atlántico y, sobre todo, para conocer las huellas de su dilatada historia y de sus importantes creaciones culturales.

Juan Francisco Navarro Mederos

Abril de 2025

ÍNDICE

AGRADECIMIENTO

En primer lugar quisiera agradecer las ayudas recibidas de parte de todos los bereberes que me brindaron su apoyo en diferentes momentos y que, lamentablemente, permanecerán anónimos, ya que casi nunca supe su nombre al completo. Y es que prácticamente en todos los lugares en los que pude tomar las fotografías para la presente publicación, estuve acompañada por alguien que se había ofrecido para ello, muchas veces desinteresadamente o movido por el deseo de que su cultura fuera más conocida. Sí recuerdo algunos nombres de personas con las que estuve por un tiempo más largo, como el de nuestro entrañable amigo y guía Mohamed que nos acompañó en un viaje por Libia, o el de mis encantadores anfitriones en un poblado tuareg en el sur de Argelia, Ghati y su esposa Souda, entre muchos otros, personas con las que compartí entrañables caminatas a través del desierto y después largos ratos a la luz de la lumbre.

No obstante, algunos amigos han quedado en mi memoria para siempre, me refiero aquí a Nacera Mecheri en Argelia, a quien le debo no solamente muchísimos consejos, sino también el haberme animado a viajar por cualquier parte de su país, y si aquello fue en solitario, lo hice gracias a que me empujaba a hacerlo. En Marruecos emprendí durante varios años inolvidables excursiones a diversos yacimientos arqueológicos junto a mis compañeras de faena Nezha Elkamali y Sophia Bouzid, ambas profesoras de la Universidad de Ibn Zour en Agadir. A esta universidad me siento también unida por la amistad con otros dos colegas,

Ahmed Sabir y Hasan Bagri, ellos siempre estaban allí para mí, para brindarme su ayuda en cualquier cosa que necesitara. Y como es de suponer, también me acompañaron personas de las Islas a diferentes lugares del norte de África, entre ellos quisiera destacar a los que formaban parte de mi familia, Ricardo Alvarado Quesada y José Quintana Arteaga; incluso mi hija Claudia soportó estoicamente las fatigas de un duro viaje por Argelia y Marruecos cuando aún era una niña pequeña.

Yo había comenzado mis estudios del mundo bereber debido a un interés por profundizar en los conocimientos de la escritura líbico-bereber, y había dedicado los primeros tiempos a los trabajos académicos correspondientes, para los que contaba con el valiosísimo apoyo de mis directores: Mauro Hernández Pérez para la tesina, mientras que les debo a Lionel Galand y a Juan Francisco Navarro Mederos la dirección de la tesis doctoral en la que nunca faltaban los necesarios consejos y todo tipo de información. El último volvió a dedicarme desinteresadamente su tiempo para acometer la revisión de este texto que al final se convirtió en la presente publicación, y supo brindarme para ella valiosísimas sugerencias.

Mucho más tarde, la investigación dedicada a las inscripciones y grabados canarios tuvo un enorme impulso con el proyecto interanual de documentación de inscripciones alfabéticas en el contexto de grabados rupestres, cuya realización apoyó incondicionalmente la entonces directora de Patrimonio Cultural, Aránzazu Gutiérrez Ávila quien, al igual que Miguel Clavijo en la actualidad, siempre mostraron su interés por los temas bereberes.

Este proyecto de documentación, por otra parte, nunca lo hubiera podido llevar a cabo yo sola, sino que se realizó con la participación de numerosos arqueólogos isleños, entre ellos, Sixto Sánchez Perera, Teresa Ruiz González, Juan Carlos Hernández Marrero, Jorge Pais Pais, Julio Cuenca Sanabria, María Antonia Perera Betancort e Irma Mora Aguiar. A todos ellos y a muchos más les debo mi agradecimiento y, lo que es más importante, les debo el que este libro haya podido ver la luz del día.

INTRODUCCIÓN

Propósito

El presente libro surge de una colección de fotos que empecé a tomar durante mi investigación sobre las inscripciones líbico-bereberes. Al documentar los signos de esta grafía quedaba de manifiesto que no se trataba de un testimonio que aparecía de forma aislada en los yacimientos arqueológicos: habitualmente, los textos se insertaban entre otros motivos grabados o pintados, no alfabéticos. Resultaba así evidente que los autores habían deseado mostrar hechos cotidianos o excepcionales de su vida, y tanto uno como otro formaban las obras que crearon con la finalidad de dejar constancia, de comunicar algo, o de cualquier otro propósito que resulta difícil advertir hoy día. También aparecen líneas alfabéticas en estelas o, con menor frecuencia, también en algún monumento funerario, entre ellos, los relacionados con la arquitectura real númida. Todos ellos son testimonios que han sobrevivido al paso del tiempo, y que constituyen el legado *amazigh* o bereber.

Las fotografías reflejan de este modo una labor que realicé durante un extenso periodo de tiempo, algo más de cuarenta años. Entre los lugares visitados figuran fundamentalmente Marruecos y Argelia, en menor medida también Túnez, Libia, Egipto y Mali, además de obviamente, las islas Canarias. Soy consciente de que gran parte de estas fotografías no las podría tomar actualmente y me temo que tampoco lo harán otras personas. Hoy día, las situaciones sociales, políticas y de seguridad han empeorado en muchos de los lugares que yo aún pude visitar con relativa tranquilidad hace varias décadas.

Tomé la decisión de emprender esta publicación por las razones que acabo de exponer, ya que consideraba necesaria la existencia de un testimonio gráfico sobre los monumentos y las obras maestras que constituyen la herencia de dichos pueblos. Pues resulta poco probable que un estudiante canario interesado en la cultura de sus ancestros pueda disponer con facilidad de imágenes sobre el pasado de ellos, para hacerse una idea de las grandes obras que crearon. Difícilmente podrá admirar una de las numerosas necrópolis de los garamantes, una pintura rupestre en las que se retrataron los habitantes del desierto o inscripciones *tifinagh* que redactaron los tuaregs quizá no hace demasiado tiempo. Aunque existen múltiples publicaciones, por lo general suelen ser muy especializadas, por tanto, tratan de temas en concreto, fueron publicadas en el extranjero, redactadas en diferentes lenguas, son de difícil acceso, o todo a la vez. De este modo, mi meta era dejar una publicación divulgativa y didáctica, de fácil lectura, y en la que las ilustraciones juegan el principal papel, puesto que son las que pueden explicar de forma visual momentos históricos conocidos: muchas veces, como en el arte rupestre, es justamente gracias a estas imágenes que se reconstruye la vida de las sociedades en cuyo seno se produjeron. El propósito principal ha sido de esta manera acercar la cultura bereber de una forma sencilla a través de múltiples imágenes. Y es así como se ha concebido dicha publicación, en la que a partir de las fotografías seleccionadas se aportan ciertas explicaciones de un momento histórico determinado, ciertas circunstancias que se presentaron para que dieran lugar a la creación de las obras maestras. En contrapartida, la intención divulgativa conlleva como consecuencia inmediata cierto reduccionismo, como se verá en los diferentes temas en los que he acabado por hacer un resumen bastante escueto.

¿Quiénes son los bereberes?

En mi opinión, nunca se ha defendido suficientemente el papel de la escritura como uno de los elementos claves para conocer a los pueblos bereberes y protobereberes. El argumento que puedo argüir a favor de ello es simple: los bereberes fueron múltiples pueblos, por tanto, su legado material es distinto según de qué fecha proceda. Los *amazigh* actuales tampoco responden a una sola etnia; de nuevo, muestran no pocas diferencias en relación con el lugar de su hábitat, habiendo adaptado su cultura a condiciones de vida que nunca fueron homogéneas, y que evolucionaron de forma desigual. Se sabe además de múltiples movimientos poblacionales en el Sáhara central y norte de África y no solamente habría que pensar en posibles mezclas entre distintas etnias, sino que fundamentalmente, los bereberes incorporaron, debido a estos contactos, otros elementos ajenos a su propia cultura, aquellos que les parecían ventajosos. El tipo de conocimiento e implícitamente su cultura debe de ser por lo demás adecuado para lograr su supervivencia en un lugar u otro, que a su vez ha sido condicionado por el hecho de ser agricultores o pastores, nómadas o que practiquen la trashumancia, que tengan que hacer frente al frío en las montañas del Alto Atlas o al calor en sus zeribas y jaimas en el desierto del Sáhara.

Así es que el denominador común entre estos pueblos es la lengua y, aunque el mapa lingüístico no coincide necesariamente con los perfiles antropológicos, aporta sin embargo una información de peso y es por tanto también punto de partida para esta publicación. De hecho, los *amazigh* se definen actualmente como tales cuando siguen hablando una de las modalidades de esta lengua. Y desde una distancia en el tiempo, el único modo de saber con certeza el idioma que se hablaba antes de que fuera sustituido por otro, son justamente los textos escriturarios, los que atestiguan su presencia y, lo que es más importante, incluso su evolución en los diferentes momentos de la historia. Además, para conocer el origen de la población del Archipiélago, ha resultado fundamental recurrir a esta grafía que había llegado junto a su lengua, cumpliendo con ese papel identitario. Ellos han fijado por escrito ciertos mensajes que se han convertido, de este modo, en una parte importantísima del bagaje cultural de al menos uno de estos grupos sociales que acabaron por asentarse en Canarias.

Expuesta esta circunstancia, surgen las correspondientes interrogantes sobre la lengua. En primer lugar, ¿de dónde viene exactamente y cómo se expandió en África? Respecto a ello, quizás sería conveniente preguntarse acerca de qué grupo de lenguas forma parte. Y es que en ocasiones, sobre todo en el pasado, se ha querido ver su procedencia desde lugares muy dispares y prácticamente imposibles, aunque afortunadamente también han existido explicaciones prudentes, por mucho que estas implican reconocer al mismo tiempo que quedan grandes parcelas que aún se ignoran. Un argumento ha sido repetido por varios investigadores, entre ellos G. Camps (1995: 37) y A. Basset (1956) y que, por su importancia, reproduzco aquí:

> *En somme, la notion courante du berbère, langue indigène et seule lange indigène jusqu´à une période préhistorique… repose essentiellement sur des arguments négatifs, le berbère ne nous ayant jamais été présenté comme introduit, la présence, la disparition d´une autre langue indigène ne nous ayant jamais été clairement attestée* (*La langue berbère. L´Afrique et l´Asie, 1956*).

[*En resumen, la noción corriente de bereber, lengua indígena y única lengua indígena hasta el periodo prehistórico… es esencialmente un argumento negativo, el que el bereber jamás ha sido reconocido como lengua introducida, y su presencia, o la desaparición de otra lengua indígena jamás ha podido ser documentada claramente.*]

Con ello se subraya efectivamente que se ignora de dónde y cuándo exactamente se habría introducido la lengua en África, en todo caso, no sería descabellado considerar que tiene carácter autóctono.

J.H. Greenberg, en su clasificación de las lenguas, ha incluido el bereber en el gran tronco afroasiático:

> *Se considera generalmente que el afroasiático comprende cinco ramas casi igualmente diferenciadas: berebere, antiguo egipcio, semítico, cuchítico y chádico* (Greenberg, 1982: 315).

Y especifica que:

> *La rama berebere del afroasiático presenta menos diferenciaciones internas que todas las demás ramas de la familia, a excepción del egipcio. Su principal división parece estar entre las lenguas de los distintos grupos tuareg, del Sáhara y el berebere propiamente dicho, hablado en el África del Norte y Mauritania* (Greenberg, 1982: 323).

Ello hace necesario preguntarse al mismo tiempo qué sabemos de los bereberes o *amaziges* y de su historia como pueblo, más allá de su lengua. Como se verá, utilizo indistintamente los dos nombres para referirme a las mismas sociedades. *Amazigh* parece imponerse en los últimos tiempos, mientras que históricamente se había utilizado en la investigación la denominación *bereber*. No obstante, estos términos pueden usarse casi indistintamente al referirse a los mismos pueblos en su acepción más general, lo que no ocurre con otros nombres, como lo son *garamantes, númidas, masilios, masesilios, mauri, gétulos, libios, tuaregs,* por nombrar solo unos pocos, y que son más precisos, porque se refieren a grupos sociales, momentos históricos y lugares en concreto, nunca a todos estos pueblos conjuntamente. Por ejemplo, los romanos nos relatan sus incursiones bélicas contra los garamantes en la actual Libia, después de haber establecido alianzas con los númidas del norte de Túnez y de Argelia.

Lo que se sabe de ellos, y me refiero a la Antigüedad, son básicamente hechos puntuales, y siempre ligados a ciertos enclaves geográficos. Las fuentes de las que beben ávidamente los investigadores se restringen en realidad a unas pocas, fundamentalmente las descripciones que han transmitido otros pueblos, en primer lugar los romanos, que relatan hechos sobre ellos en múltiples ocasiones y, en mucho menor grado, los griegos. Pero en ambos casos son referencias tardías, que proceden de los últimos siglos antes del cambio de la Era y primeros después, mientras que en las imágenes rupestres hay constancia de estos pueblos ya en el segundo milenio a.C., en las que ellos mismos "narran" el mundo que los rodea. Otros restos materiales que se identifican con los bereberes y han sobrevivido hasta nuestros días, son las diferentes construcciones funerarias. Me dedicaré a estos aspectos, dejando al margen otros objetos, como pueden ser sus viviendas o la cerámica; su registro se hace más complicado, teniendo en cuenta que muchas regiones aportan muy pocos vestigios y necesitaría de un tipo de análisis del que no dispongo para la totalidad de los inmensos territorios en los que han estado presentes los bereberes. También he dejado sin incluir los testimonios más tardíos, los que se produjeron en la Edad Media, construcciones impresionantes, del tipo de *kasbahs,* o los graneros colectivos. La única excepción que hice es para algunas manifestaciones rupestres que, si bien tienen sus inicios mucho antes del cambio de la Era, siguen produciéndose de forma casi ininterrumpida hasta mucho más adelante, por lo que difícilmente pueden separarse las que se produjeron ya entrada la Edad Media.

Organización del libro

Expuesto de esta manera, había que dar un orden al material fotográfico y a los comentarios que he deseado incluir. He optado por seguir un orden cronológico en la medida en la que he podido, pero siempre en relación con diferentes lugares geográficos y tipos de manifestaciones. En ningún momento he podido trazar unos límites nítidos entre unos y otros, como se verá por ejemplo en el mundo funerario, en el que son absolutamente destacables las construcciones de los garamantes, pero entre las que hay que incluir igualmente los túmulos más sencillos, que albergan a su vez grandes similitudes con otros encontrados en lugares alejados, como en las islas Canarias y para los que no siempre se conoce la fecha de su construcción. En ocasiones, dichas similitudes son muy llamativas, evocan las creencias espirituales de los bereberes y dan cuenta de este modo de la gran dispersión geográfica que existe de cierto tipo de construcciones. He dejado no obstante para otro capítulo los monumentos funerarios que se levantaron en el norte de África en cercanías del Mar Mediterráneo, en los siglos inmediatos antes y después del cambio de la Era. Toda la arquitectura del Mediterráneo adquiere en estos momentos rasgos bien distintos, que denotan muchas influencias helenísticas, entre otras. Es en estos siglos cuando entran en la historia las aspiraciones de otros pueblos, los púnicos y romanos, potencias que pretendían extender su poder sobre estas regiones habitadas por los bereberes, y que dejaron a su vez importantes improntas en ellas.

Fundamentalmente he seleccionado imágenes que son representativas para los distintos momentos históricos de los pueblos bereberes. Esto me ha obligado a tratar unos temas más que otros. En el caso de las pinturas y grabados rupestres, he deseado explicar los distintos periodos de forma muy resumida –sin incluir las numerosísimas excepciones-, así como ilustrar la evolución en la que iban surgiendo otras maneras de plasmar las ideas y se incorporaban nuevos temas; larguísimo proceso cuyas últimas expresiones son las que mayoritariamente llegaron al Archipiélago. No hará falta insistir en el hecho de que son aspectos muy puntuales, y que cada periodo tiene múltiples y variadas representaciones, además de su distribución geográfica peculiar para cada motivo representado. He deseado aportar los ejemplos más destacados mediante fotografías, de forma asequible para el público en general y para facilitar su comprensión. De este modo espero haber sido capaz de proporcionar una percepción de lo que han sido las obras maestras de los bereberes en el pasado.

Es obvio que haya incluido al mismo tiempo imágenes de algunos yacimientos de Canarias, pues cuando se habla del mundo bereber y del legado que han dejado estos pueblos, no sería lícito excluir aquellos que se sitúan en territorio isleño, con otras palabras, las de nuestro archipiélago. Y no solamente se trata de la escritura como defendí al principio de esta introducción; los grabados rupestres, las construcciones propias de mundo funerario y tantísimas otras expresiones de las culturas indígenas canarias comparten igualmente tipología con las del continente africano.

SI LOS GUANCHES ERAN BEREBERES,

¿QUIÉNES ERAN LOS **BEREBERES**?

Momentos históricos destacados de los **BEREBERES**

Sáhara central. Argelia.

He procedido a construir los contenidos de este libro en tres escenarios distintos, con diferentes temas en relación con cada uno de ellos. De este modo aparece por separado el desierto del Sáhara por una parte, Egipto por otra y, por último, he trazado una amplísima franja a partir del Mar Mediterráneo, que he tratado de modo extensivo para abarcar asimismo el territorio que existe cercano al océano Atlántico.

Pero los diferentes aspectos a tratar se solapan entre una región y otra y es que, mientras que ciertos elementos se restringen a un área en concreto, otros incluyen casi todo el dominio del territorio en el que habitaban los bereberes. Lo mismo cabe aplicar al marco temporal, pues ciertas obras pueden ser exclusivas de algún tiempo en algunas zonas, y en otras, seguir produciéndose hasta prácticamente la actualidad.

En el capítulo dedicado al Sáhara, las primeras manifestaciones que podrían estar hechas por los antepasados de los bereberes, después por ellos, son las pinturas y grabados rupestres. Los pueblos más conocidos de este desierto se identifican con los garamantes, que tenían su capital en Garama (Libia), y cuyas ruinas aún sobresalen de las arenas que parecen querer engullirlas, cuanto antes, mejor. Pero ya nos encontramos en la época que se adscribe a la Antigüedad, o sea, mucho más tardía que las primeras pinturas en las mismas zonas. Y en los lugares donde habitaron dichas sociedades, también se impone señalar su legado en forma de construcciones relacionadas con sus creencias en el mundo del más allá, que se plasmaron en forma de múltiples tumbas y túmulos que, aunque son especialmente numerosas en estas regiones, se encuentran igualmente en otros lugares del norte de África, así como en las islas Canarias.

Para ilustrar la presencia de los libios en Egipto, incluyo solamente dos fotografías que testimonian las épocas en las que estuvieron en el poder, siendo Sesonquis I el primer faraón de este origen, quien gobernó a partir del año 945 a.C., la XXII dinastía.

En la zona más septentrional de África se ha visto nacer una arquitectura propia, exclusiva del Mediterráneo occidental, denominada "arquitectura real númida". Surgió cuando diversos pueblos foráneos trataban de establecer allí el dominio sobre los habitantes oriundos, quienes acabaron por incorporar no pocos elementos materiales y culturales de los recién llegados. Dichos contactos dieron lugar a alianzas, en muchísimas ocasiones también a enfrentamientos bélicos, en fin, a relaciones de diversa índole de los númidas con los púnicos y, fundamentalmente, con los romanos.

Al sur de la franja límite establecida por los romanos (*limes*) se halla, desde el oeste al este, el Alto Atlas y el Atlas Sahariano, de nuevo, zonas de gran interés para la historia de los bereberes, del mismo modo que otra franja, la que bordea el océano Atlántico, hasta Mauritania. Entre el legado que dejaron estos pueblos sobresalen testimonios de sus prácticas funerarias, pero también los grabados rupestres; son especialmente significativos aquellos pertenecientes a los últimos periodos, pues las sociedades que llegaron al Archipiélago seguían dejando constancia de diversas imágenes, manteniendo convenciones similares a las que habían realizado cuando aún vivían en el lugar de su procedencia.

En las cercanías del Mediterráneo nació la escritura líbico-bereber, por lo que el libro finaliza con un apartado dedicado a ella. De nuevo hay un solapamiento, pues si bien la grafía ya está en uso durante los últimos siglos antes del cambio de la Era en las zonas más septentrionales de África, después se expande desde allí a amplísimas regiones geográficas, siendo utilizada aún hoy día entre los tuaregs del Sáhara. De este modo, da la impresión de que el círculo se cierra, ya que en dichas zonas aparecieron los primeros dibujos sobre las paredes rocosas, hechos por cualquiera que hubiera estado allí en dichos momentos, pero ahora los bereberes del desierto son los últimos pueblos que aún usan dicha escritura de forma tradicional, habiéndoles sido trasmitido su conocimiento de una generación a otra.

Aunque el título del libro sea "¿Quiénes eran los bereberes?", con una clara referencia al pasado, el mapa de la fotografía señala dónde se habla actualmente y de forma mayoritaria alguna de las modalidades de esta lengua. Y es que determinar con precisión dónde exactamente se hablaba bereber en el pasado, en fechas lejanas, y a partir de cuándo exactamente, va a resultar abrumadoramente difícil, si no imposible.

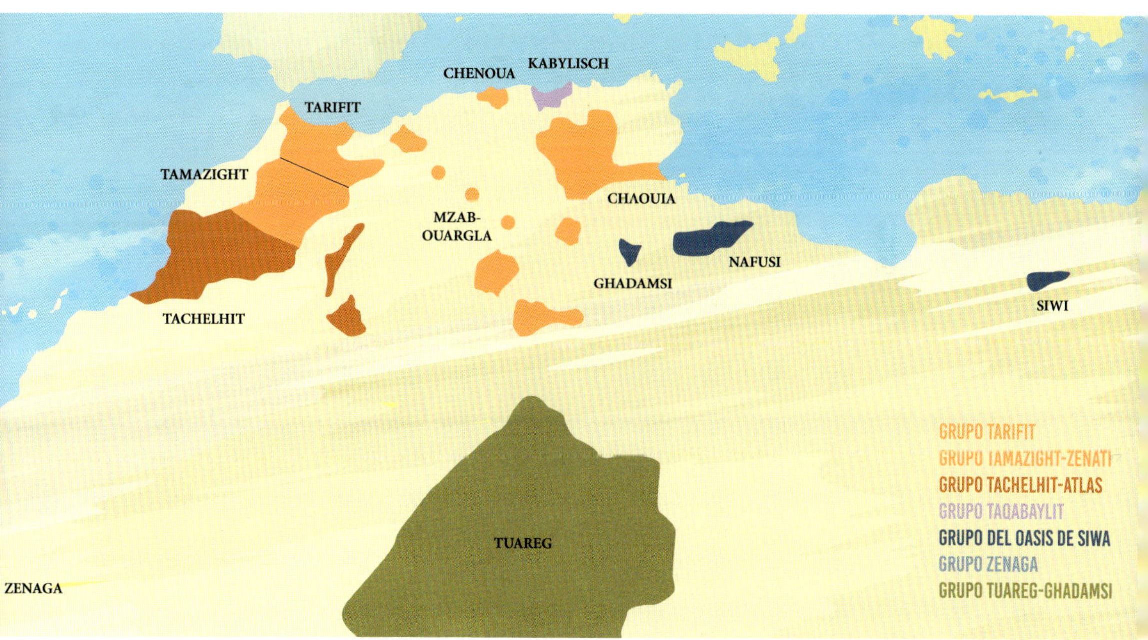

Mapa de lenguas bereberes. Basado en:
https://commons.wikimedia.org/w/index.php?curid=3733114.

Este mapa lingüístico indica las distintas modalidades de su uso. Las zonas que destacan por corresponderse con lugares extensos son Marruecos (en casi todo el país) y en el centro del Sáhara, conocido como territorio de los tuaregs. El resto del hábitat de las comunidades berberófonas son islotes en medio de una zona, en la que el idioma hablado es por lo general el árabe, que es a su vez la lengua oficial. Más hacia el sur, en Níger, la lengua oficial es el francés; en Mali también lo era hasta hace muy poco. Marruecos reconoce dos lenguas oficiales: el bereber y el árabe. Hay que señalar que allí se hablan diversas modalidades o dialectos de esta lengua: el *tarifit*, *tamazight* y *tachelhit*. Cada una de ellas en una zona distinta, desde el norte al sur respectivamente.

Por otra parte, los islotes de menor tamaño testimonian lo que ha ocurrido, y es que ha tenido lugar una sustitución lingüística. Se ha impuesto el uso del árabe en prácticamente todos los países del norte de África, la que se usa en la administración, en la enseñanza, etc. Es por ello que el *amazigh* se ve muchas veces relegado al uso doméstico, lo que no pocas veces lleva consigo su pérdida, mayoritariamente cuando los progenitores de la familia proceden de diversos lugares y se ha optado por el uso del árabe en casa.

En cuanto a la escritura, esta ha dejado de usarse desde hace muchísimo tiempo, puesto que no hay constancia de que aún se empleara cuando llegaron los árabes al norte de Túnez, Argelia y Marruecos. Para los demás lugares, y con excepción del Sáhara central, resulta muy difícil precisar fechas en concreto.

Pero es justamente esta grafía la que permite reconstruir en qué lugares se debió utilizar la lengua. Además, nos aporta importantes elementos para conocer cómo ha sido, sabiéndose que las formas de los caracteres de un alfabeto evolucionan generalmente en consonancia con los cambios de la lengua, fundamentalmente debido a que el sistema fonológico se modifica, de lo que da buena cuenta esta grafía.

El *tifinagh* aún goza de plena vigencia en el Sáhara, aunque también allí el número de usuarios decrece de forma alarmante. No hay prácticamente estudios que den cuenta sobre este hecho, de modo que se sepa hasta dónde y a qué velocidad tiene lugar esta sustitución de una escritura por otra. Hace ya algunos años traté de estudiar este tema *in situ* y, efectivamente, pude registrar en un pequeño poblado al sur de Tamanrasset el número de personas que aún era capaz de expresarse mediante el *tifinagh* (Springer, Quintana, 2006), y con ello, obtener el porcentaje sobre el total de los habitantes en este lugar en concreto.

Observando el mapa lingüístico de nuevo, asombra ver que las zonas de su antiguo dominio se correspondían con un territorio de una extensión enorme, ya que englobaba, en una línea norte-sur desde las costas del mar Mediterráneo hasta Níger, Mali y Burkina Fasso y, de oeste a este, desde las islas Canarias hasta Egipto, coincidiendo prácticamente con lo que ocupan geográficamente los testimonios hallados de la escritura líbico-bereber. Puede extrañar esta inmensa dimensión territorial, que sería mucho más explicable para un imperio que impone, junto a su dominio, el uso de su lengua y escritura, tal como fue el caso del Imperio Romano. Pero que se sepa, los bereberes no ostentaron jamás un imperio, por lo que no es posible precisar de qué modo y cuándo exactamente se extendió el uso de su lengua.

Muchas personas se preguntan hasta qué punto es posible la comprensión entre los hablantes de las diversas modalidades del *amazigh*. No resulta fácil responder, ya que intervienen dos factores muy importantes y que son, por una parte, la competencia lingüística de las personas a título individual, y las modalidades empleadas en cuestión. De este modo resultará más complicada la comunicación entre hablantes del Rif con los tuaregs, mientras que esta resultará más fácil entre los diversos dialectos de entre los habitantes del desierto, por aportar un simple ejemplo.

Lo mismo cabe decir sobre la comprensión de las inscripciones por parte de los berberófonos, cuyos alfabetos difieren entre sí, además de que representan diferentes modalidades de la lengua. Lo que resulta de un interés primordial es señalar que los lugares en los que han aparecido yacimientos con inscripciones líbico-bereberes, llenan muchas veces los huecos que aparecen en el mapa lingüístico entre las zonas berberófonas. En lo que están de acuerdo los investigadores es que la escritura líbico-bereber nunca ha representado a otra lengua que la que lleva su nombre, por lo que forzosamente representa a esta en cualquiera de los momentos dados. Por nombrar a uno de los ejemplos, en el norte de Túnez son sumamente numerosos los yacimientos con estelas funerarias, incluso algunos monumentos con inscripciones líbicas, pero en estos lugares ya no se habla bereber.

Entre los tuaregs los textos tampoco son comprensibles para todas las personas que conocen la grafía. El empleo de diferentes alfabetos *tifinagh*, la realización de la inscripción en fechas distintas, así como por parte de pueblos bereberes de variada procedencia, todo ello obstaculiza la lectura. Además, hay que tener en cuenta las propias características de esta grafía (en la que no se representan a las vocales, no se separan las distintas palabras, siendo además la dirección de la línea variable), que constituyen aspectos que implican una dificultad añadida.

Arte rupestre del **SÁHARA** y **NORTE DE ÁFRICA**

EL PERIODO DEL BÚBALO Y DE LOS BÓVIDOS

Se trata de los dos primeros periodos del arte rupestre, con presencia fundamentalmente en el Sáhara central. Es por ello que he presentado fotografías de esta zona para el periodo del búbalo y de los bóvidos. En Marruecos, por otra parte, se sabe que representaciones del búbalo son extremadamente excepcionales y aparecen exclusivamente retratados en el denominado "estilo de Tazina" (Heckendorf, 2008:27), y también habría que señalar importantes diferencias de los grabados para el estilo de los bóvidos con las del centro del Sáhara.

En las paredes rocosas del Sáhara existen miles de pinturas y grabados rupestres, realizados por los pueblos que habitaban allí en distintos momentos de la historia. Entre estos testimonios es frecuente ver especies de la fauna ya extinta, pero también a personas, presuntamente los propios autores de los retratos. Estas imágenes "relatan" de este modo la vida de dichas sociedades, cuentan a lo que se dedicaban, cómo eran, en un lugar en concreto, en el Sáhara central. Hoy día vemos estas imágenes con cierta perspectiva que da la lejanía en el tiempo, entendiéndolos como una narración sobre los cambios acontecidos, fundamentalmente el cambio climático, entre cuyas consecuencias inmediatas está la desaparición de muchos animales, a su vez piezas de caza, con las que los pueblos sustentaban buena parte de su dieta.

Estas representaciones, sobre todo las más antiguas, pueden resultar hoy día impactantes, sobre todo, cuando uno admira a un hipopótamo grabado sobre la roca, un cocodrilo, etc., y levanta la vista para verse rodeado de parajes absolutamente desérticos, en los que cuesta imaginar a estos animales que, sin embargo, están retratados con toda nitidez sobre la roca.

En efecto, los animales que figuran en las imágenes más antiguas serían impensables hoy día en el desierto, pues dependían de la presencia de gran cantidad de agua. En los primeros grabados rupestres, cuando el actual Sáhara debió de tener abundancia de este preciado líquido, aparecen retratos de los que pertenecían a la gran fauna salvaje: rinocerontes, hipopótamos, elefantes, cocodrilos, jirafas, etc., todos ellos condenados a desaparecer de estos lugares con el paso del tiempo.

Wadi Mathendous, Fezán (Libia).

Debido a esta circunstancia ha sido posible poner un "orden cronológico" para la aparición de los diferentes grabados y pinturas, teniendo en cuenta la presencia o ausencia de distintas especies de la fauna en consonancia con su necesidad de recursos hídricos.

La fotografía del grabado del Wadi Mathendous, en el sur de Libia, refleja el resultado de una caza: en ella se ha retratado a dos cazadores con cabeza de chacal (una máscara con toda probabilidad), que llevan el animal abatido a algún lugar, posiblemente a donde puedan consumirlo. El rinoceronte, de esto se trata, ha sido uno de los animales que debió de dejar pronto su puesto a otros mejor adaptados a las condiciones que se impondrían poco a poco con el avance de la desertización.

¿Pero se sabe a qué etnias pertenecen las personas de las primeras imágenes? A esta pregunta no hay más remedio que responder que no se pueden realizar grandes especulaciones sobre los autores, pues incluso en los pocos casos en los que se intuye o incluso se reconoce la etnia en cuestión, es imposible aventurarse a generalizar.

Además, hay constancia de que con el tiempo se introdujeron diversos pueblos para establecerse allí; por el contrario, otros fueron desplazándose (o desplazados a la fuerza) a lugares lejanos, quizás más hacia el sur. De ello dan buena cuenta las imágenes rupestres.

Uno de los primeros animales en desaparecer de la escena es el búbalo, que solo parece figurar en el periodo del arte rupestre más antiguo, denominado a tales efectos como el periodo del búbalo, también periodo de los cazadores, al ser esta actividad la predominante entre las sociedades cazadoras-recolectoras. El de la fotografía procede del Atlas Sahariano (Argelia), pero es frecuente también verlo en el sur, ya en pleno desierto argelino o libio. La clasificación en la que este ocupa el primer lugar, ha sido apodada con gran acierto como "siguiendo la huella de los animales", en clara referencia a los prototipos seleccionados. Y así es cómo se denominan los diferentes periodos del arte rupestre: periodo del búbalo (o cazadores), periodo de los bóvidos, periodo del caballo y periodo del camello, con este orden en el tiempo, y que expresa claramente la aparición de una fauna cada vez menos exigente con la presencia del agua. Es la forma más simple o sucinta de comprender este orden cronológico del arte rupestre del Sáhara y norte de África que, aunque deja fuera algunos tipos de grabados o clasificaciones más complejas, tiene la enorme ventaja de mostrar de manera muy abreviada la sucesión de diversas imágenes en estos lugares.

Aïn Naga, Atlas Sahariano (Argelia).

Una vez explicada la secuencia de los diferentes periodos, conviene señalar las fechas de su uso para cada uno de ellos. Pero como suele ser bastante habitual, los distintos investigadores no coinciden siempre a la hora de señalar sus inicios o finales. El matrimonio francés Yves y Christine Gaulthier trató de realizar en su publicación *L´Art du Sahara* (1996, 43) un resumen para dar cuenta de la cronología establecida por los especialistas más destacados en esta materia: Lhote, Monod, Hachid, Muzzolini y Mori, reflejando las diferencias para las fechas propuestas. Las más importantes se presentan para los momentos más lejanos, el periodo del búbalo, para el que se barajan unos inicios que pueden situarse desde el 10.000 a.C. hasta el 4.000 a.C.; la fecha en la que comienza el periodo de los bóvidos también abarca un espacio temporal enorme, considerado entre el 6.000 y el 3.500 a.C., aunque se trata de dos regiones diferentes, el Atlas Sahariano y el del Sáhara central. Sin embargo, las divergencias para los periodos más recientes son por el contrario menores: de forma aproximada se sitúa la introducción del caballo en el Sáhara en fechas cercanas al 1.500 a.C. para sus primeras representaciones tirando de un carro; el del camello aparece próximo al cambio de la Era. Son justamente estos dos últimos periodos los que adquieren mayor importancia para reconocer a los bereberes como autores de las imágenes rupestres. Pero al igual que para las anteriores épocas, todas estas dataciones aportan fechas orientativas, a las que habría que añadir muchas matizaciones. No obstante, tienen la indudable ventaja de proporcionar una información aproximada de cuándo surgen los cambios.

La evolución, o mejor dicho, la sucesión temporal de las diferentes imágenes no solamente afecta a los objetos o animales que pueden admirarse sobre los paneles, sino también a otros aspectos, no tan vinculados con el contenido de ellos, como lo son el estilo, la técnica, el tamaño, etc. Además, se ha visto que algunos motivos representados se encuentran en casi todo el norte de África y Sáhara, para otros sin embargo, se podría decir que "prácticamente se quedan en casa". Un ejemplo de distribución geográfica extremadamente amplia es la del camello, animal que con el tiempo ha ido conquistando todo el norte de África, además del Sáhara central. Y no solamente asombra la distribución geográfica de algunos motivos rupestres, sino que también los hay que están presentes en todas las épocas, por lo que por sí solos no permiten una datación. El animal más longevo que se conoce de entre todos los representados en las paredes rocosas es sin lugar a duda el avestruz, que se puede encontrar desde las primeras imágenes, pero también en el último periodo del arte rupestre, el del camello.

Paisaje del Tasili (Argelia).

Las imágenes de los diferentes periodos pueden haber sido realizadas mediante distintas técnicas. En primer lugar se distinguen la pintura y el grabado. Hasta cierto punto, los contenidos que se muestran a través de ellas pueden ser los mismos, pero hay ciertos detalles que se reflejan mucho mejor cuando se ha recurrido a la pintura. Suele predominar una técnica u otra según la región en la que se encuentran estas obras del arte rupestre, aunque en modo alguno son exclusivas. En el Tasili (Argelia) y buena parte del Acacus (Libia) se ha hecho uso mayoritario de las pinturas, en el Ahagar (Argelia), el Alto Atlas (Marruecos) o Atlas Sahariano, son los grabados los que se encuentran en la mayor parte de los paneles, lo mismo que ocurre en las islas Canarias.

Una pintura muy famosa es la que procede de Sefar, en el Tasili (Argelia), que aparece publicada en la mayor parte de los libros dedicados al arte rupestre del Sáhara, motivo por el que tampoco he querido dejar fuera su fotografía. En ella destaca un personaje central, que lleva una especie de máscara. A juzgar por la actitud que manifiestan los demás hacia él, con las manos elevadas a modo de adoración, dicha pintura fue bautizada (en base a la interpretación que hicieron algunos investigadores) como el *Gran Dios de Sefar*. La dimensión de dicha pintura puede sorprender, los personajes tienen un tamaño sobrenatural, así como la mayor parte de los animales que aparecen en ella. Estas representaciones sobredimensionadas son propias de dicho periodo antiguo, y van disminuyendo después en los siguientes, por tanto, se trata de una de las características que tiene cierta importancia a la hora de asignar una fecha a las imágenes rupestres.

Sefar, Tasili (Argelia). Gran Dios de Sefar.

Algunos personajes presentes en las imágenes permiten deducir la etnia a la que pertenecen, como los dos cazadores de la fotografía. Por sus rasgos no pueden ser considerados ni libios ni pueblos mediterráneos, por lo que sí se sabe que entre las poblaciones del Sáhara, al menos en un principio, el elemento negroide estaba muy presente. El primero de ellos porta un arco, artilugio que aparece durante el Neolítico y que llega a ser el arma utilizada mayoritariamente durante los dos primeros periodos del arte rupestre, siendo sustituida en fechas posteriores por la lanza, durante los periodos del caballo y del camello.

Tin Aboteka, Tasili (Argelia).

Hay que entender el inicio de la domesticación de las vacas y la cría de otros animales (cabras, ovejas) como una auténtica revolución para los pueblos, que van a experimentar transformaciones en sus modelos económicos y de organización social. La importancia de la ganadería se entiende porque los pueblos, a partir de este momento, ya no dependen exclusivamente de la suerte en la caza para su supervivencia, sino que pueden obtener alimento en cualquier momento. Además, la posesión de más o menos cabezas de ganado va a derivar en incipientes diferencias sociales que se acrecentarán en los periodos siguientes. Quizá por ello los pintores se han esmerado tanto en reproducir el ganado en los paneles, así como en testimoniar escenas en las que se dedican a cuidarlos.

La presente fotografía tiene por objeto una pintura realizada en esta época, en el periodo de los bóvidos. Es compleja, por lo que necesita de algunas explicaciones. Para empezar, el panel que se observa es el resultado de diversas intervenciones, probablemente por miembros de varios pueblos. La parte superior muestra diferencias de peso en relación con la inferior, siendo el motivo central de la primera una persona montada sobre un bóvido, posiblemente una mujer que tiene en sus brazos a un niño pequeño. Los rasgos de ella reflejan un tipo mediterráneo, grupo étnico que ya tiene una presencia innegable durante el periodo de los bóvidos. Hay otras personas a su lado, entre las que se puede distinguir (aunque de forma muy tenue) otra figura delante de ella que lleva una especie de capa. Fueron realizadas dibujando su contorno, todo lo contrario a los individuos y algunos animales de la parte inferior, en las que se ha practicado un relleno de casi toda la superficie de su cuerpo. En cuanto a los animales, se distinguen con facilidad ciertos bóvidos, también unas ovejas y posibles cabras y a la izquierda otro mamífero. Un diseño prácticamente circular podría identificarse como choza, no solamente porque se adivinan seres humanos en su interior, sino porque se trata de una convención gráfica a la que habitualmente suele atribuirse este significado. Teniendo en cuenta la edad que puede tener esta pintura, entre unos 5.000 y 3.500 años posiblemente, su estado de conservación es admirable.

Dicha pintura puede considerarse como ejemplo destacado para el periodo de los bóvidos en el Sáhara central. No solamente se constata la introducción de nuevos temas entre las imágenes, sino que se observa un cambio en muchos otros aspectos. En el Sáhara central, básicamente en el Tasili (Argelia) y en el vecino Acacus (Libia) y durante el periodo de los bóvidos, se producen creaciones artísticas de una calidad extraordinaria, nunca vista antes ni después. Los humanos están reflejados con un realismo sorprendente. Los trazados son minuciosos, se destacan detalles, se identifica perfectamente el movimiento, existe una gran armonía en la expresión. Es ahora cuando se aprecia en mucho mayor grado cómo eran aquellas personas, incluso la forma de vestirse y sus peinados. En cuanto al tamaño, las dimensiones se han reducido considerablemente, faltando casi al completo las representaciones de tamaño sobrenatural que se habían visto con tanta frecuencia, aunque no exclusivamente, en la época anterior.

Y es en estas imágenes en las que se puede apreciar la presencia de diferentes etnias en los territorios del Sáhara central de las que una parte podría identificarse con los posibles antepasados de los tuaregs. Pero por lo que se comprueba sobre los paneles, ellos no están solos, sino que comparten territorio con otros grupos humanos. No obstante, los diferentes pueblos muestran convenciones artísticas similares; el estilo y los resultados guardan grandes parecidos.

En cuanto a las dataciones y siguiendo la opinión de la mayor parte de los investigadores, se supone que el inicio del periodo de los bóvidos fue a partir de aproximadamente el 3.500 a.C., y con una duración que llegaría hasta el 1.500 a.C. Hacia finales de este periodo es cuando resulta posible reconocer una tendencia a la esquematización, que irá acrecentándose de ahí en adelante.

Sefar, Tasili (Argelia).

Iheren, Tasili (Argelia). Copia Colombel, Mission Lhote.
Extraído del libro *Sahara,* 1987, Köln, 424-425.

La fotografía capta una escena de un grupo de personas delante y dentro de una choza y con numerosos animales a sus espaldas, entre ellos un bóvido. No se trata de la fotografía de un panel como las anteriores, sino de una copia realizada por los pintores que acompañaron al investigador francés H. Lhote (Colombel), cuando realizaba sus estudios sobre el arte rupestre en Iheren, Tasili. Esta imagen en concreto ha sido extraída de la obra *Sahara* (1978: 424), publicada con ocasión de la exposición del mismo nombre en Colonia (Alemania). Lo que me ha hecho incluirla es la precisión con la que se reprodujo un gran número de detalles de la escena, como las vestimentas y el peinado adornado con unas plumas de avestruz, que se han convertido en prototipo para muchísimas imágenes. No es que las plumas sean de uso exclusivo de esta población del desierto, ni mucho menos atributo exclusivo de los bereberes, pero sí es cierto que han contribuido a identificar a estas personas como probables ancestros de los tuaregs. Como argumento vale argüir que dicho distintivo se siguió utilizando hasta fechas mucho más recientes en imágenes de las que se sabe con toda seguridad que representan a bereberes.

No todas las imágenes acusan una representación con tanto detalle como la que se acaba de ver en la fotografía anterior. Pero aunque con el tiempo se impone una esquematización, ciertos elementos siguen viéndose igualmente y se identifican con toda claridad. La vestimenta -y me refiero aquí a la capa- continuó siendo utilizada entre los tuaregs durante largo tiempo, lo que también es extensivo a la bandolera en cruz. Existen fotografías no demasiado antiguas, hechas fundamentalmente a tuaregs en diversas celebraciones importantes, en las que aún llevan esa bandolera.

Djabaren, Tasili (Argelia).

La imagen muestra a cuatro personas en el Tasili (Argelia) de las que las tres primeras ostentan plumas sobre la cabeza como adorno o distintivo, un atributo destacado como se ha visto en la anterior fotografía y presente en muchos paneles. Las tres primeras llevan en sus manos un objeto curvado, el último de la fila carga una especie de estuche.

Estos rasgos señalados son solamente indicios para el reconocimiento de un grupo social en concreto; obviamente no se trata de una prueba irrefutable, pero conviene tenerlos en cuenta a la hora de tratar de identificar el grupo humano en cuestión.

Touffadet, Ahagar (Argelia). Guerrero libio.

Con esta imagen y con la idea de hacer un seguimiento de dicha representación, me he adelantado en el tiempo a un yacimiento que se ubica en las cercanías de Touffadet, en el Ahagar (Argelia). La mayor parte de los grabados de esta zona montañosa ha sido realizada haciendo uso del picado, por lo que me ha sido posible aportar un ejemplo similar a la fotografía anterior, pero producido mediante esta técnica. Este grabado en concreto pertenece a lo que se ha denominado como la época del "guerrero libio", o sea, es más tardía que las representaciones del periodo de los bóvidos, pero tiene por motivo el mismo tema que acabo de mostrar. Como su nombre revela, hace ya alusión directa al grupo étnico de los personajes y, con ello, a los autores de dichas imágenes.

En relación con el periodo de su vigencia, el investigador del arte rupestre y editor de *Les images rupestres du Sahara*, Alfred Muzzolini (1995), ha dividido las manifestaciones rupestres de esta época en tres fases, apareciendo las imágenes más antiguas junto a algunos pocos carros (periodo del caballo), mientras que con las intermedias aparecerían las primeras inscripciones líbico-bereberes y algunos camellos, motivos que se convertirán en los más frecuentes durante la fase que dicho autor considera más reciente.

Como resulta fácil de apreciar, ciertos aspectos del contenido de este grabado del *Guerrero libio* revelan parecidos con las pinturas del Tasili de las anteriores fotografías. Entre ellos destaca de nuevo la capa que aquí solo se insinúa como prolongación detrás de su cuerpo, pero son inconfundibles las plumas, a pesar de haber sido indicadas escuetamente mediante dos líneas curvas encima de la cabeza de este individuo. La curiosa forma de la cabeza ha sido bautizada como "de champiñón" por su parecido con este hongo, tratándose de uno de los diferentes tipos de cabeza con que se suele representar en ocasiones a los guerreros libios. Estas imágenes son también muy frecuentes en zonas situadas más hacia el sur, como en Mali, Níger... aunque tienden a disminuir hasta casi desaparecer, conforme nos desplazamos hacia el oeste, hacia la costa del Atlántico, y son inexistentes entre la iconografía que acompaña la escritura en las estelas funerarias.

Lo que se demuestra con estos ejemplos es que en todos los periodos surgen imágenes del arte rupestre realizadas mediante diferentes técnicas. No es posible asignar una fecha por la simple razón de una técnica determinada, sino que en la clasificación intervienen muchos elementos: el contenido (estudios taxonómicos), tamaño, estilo, etc. Cada imagen tiene que ser valorada por tanto en su conjunto, no por un hecho solo.

Vuelvo al periodo de los bóvidos para insistir en la importancia de la economía ganadera de aquella época. Muchas veces da la impresión que los pintores desean demostrar el tamaño de sus rebaños, la cantidad de las reses que poseen. Con toda probabilidad no se trata exclusivamente del aporte cárnico que les garantizan estos animales (y de muchos otros recursos como la grasa, sangre, cuero, huesos, tendones, etc.), sino que su significado debió de estar igualmente unido al prestigio que adquiere un grupo u otro en razón a la riqueza que pueda ostentar. Eso es lo que se supone que representa el gran número de reses en ciertas pinturas rupestres y, hasta cierto punto, es lo que puede observarse aún en algunas sociedades africanas, cuando se registran rebaños numéricamente muy por encima de lo que puede sostener un suelo no demasiado fértil. Y hay que pensar también en ciertos enfrentamientos entre grupos sociales por los territorios de pastoreo que con el avance de la sequía disminuyen a cada instante y, cómo no, por el hurto de animales, que se produciría con toda probabilidad en más de una ocasión.

Tin Taferist, Tasili (Argelia).

In Ehed, Fezán (Libia).

Sin embargo, el pastoreo no ha acabado con la caza. Siguen existiendo animales a los que los cazadores persiguen y son numerosos los paneles en los que se retratan dichas escenas, en las que un grupo de personas está a punto de dar alcance a algún animal, como ocurre en esta fotografía. Posiblemente se trata de un muflón, acorralado por tres cazadores que, agazapados, le apuntan con flechas. El animal ha sido perseguido al mismo tiempo por tres perros, que se lanzan contra él intentando derrotarlo por su flanco derecho. No hace falta decir que el perro es fiel amigo y ayuda imprescindible del hombre, representado con suma frecuencia en el arte rupestre.

El lado superior de la imagen lo protagoniza una escena que resulta algo asombrosa. Su centro viene ocupado por un gran león, pero a pesar del peligro que debe de significar para los cazadores, solo dos de todo el grupo aparentan apuntarle con sus flechas. Los restantes compañeros persiguen a otra pieza de caza menor, posiblemente a una gacela.

Es seguro que la caza aporta todavía una buena parte de la dieta y por mucho que disminuyan los animales con el avance del desierto, las escenas de cacerías siguen presentes en todos los periodos del arte rupestre. Cambian los animales que persiguen los cazadores debido a la desertización del norte de África y Sáhara, lo que en buena parte es igualmente responsable de su disminución. En la época del periodo de los bóvidos, además siguen siendo relativamente frecuentes algunas especies de la gran fauna salvaje propia de la sabana y del sahel, como los elefantes, jirafas, etc.

EL PERIODO DEL CABALLO Y DEL CAMELLO

Se trata de los periodos más recientes del arte rupestre, en ambos está asegurada la presencia de los bereberes. El nombre por el que se denomina hace referencia a dos animales que se introducen en distintas fechas en el Sáhara central, su aparición en pinturas y grabados rupestres se comprueba en un espacio geográfico enorme, en todo el norte de África hasta en la franja que bordea el océano Atlántico. Es prácticamente coincidente con los lugares en los que se sabe del empleo de la lengua bereber, o al menos de alguna de sus modalidades. Lo mismo podría decirse de inscripciones de esta escritura que goza igualmente de una distribución geográfica enorme, aunque eso sí, sus primeras manifestaciones aparecen cuando el periodo del caballo ya lleva tiempo siendo vigente, casi a finales de este.

Cuando el caballo llega al desierto, su imagen se convierte de inmediato en componente habitual de las representaciones rupestres. Sin embargo y al contrario de lo que cabría pensar, lo más innovador no será la aparición de este cuadrúpedo en el arte rupestre, sino el que simultáneamente significara una transformación de casi todo lo que se había visto hasta ahora y que eran las características más importantes. De pronto, las imágenes se hacen más toscas, expresan muchos menos detalles, se reduce el uso de los colores. No obstante, lo más llamativo es la esquematización de los motivos que, si bien ya se apreciaban unos inicios a finales del periodo de los bóvidos, ahora se impondrá con mayor fuerza en las pinturas y grabados rupestres, hasta acabar prácticamente en formas geométricas.

En cuanto a las escenas y objetos retratados, también se registra la sustitución de muchos que eran habituales hasta entonces. Todavía aparecen ocasionalmente los bóvidos y algunas especies de la gran fauna salvaje, pero estos se convierten en excepcionales, hasta estar ausentes, y casi siempre representados de forma más tosca de que lo que era habitual hasta entonces.

Los animales que se pueden admirar en esta época denominada como "Periodo del caballo" se han reducido a unos cuantos. Por una parte, entre el ganado han disminuido las vacas y predominan claramente las cabras y ovejas, menos exigentes en pasto. En cuanto a la fauna salvaje, muchas veces en escenas de caza predominan las especies propias de la estepa, el desierto o la montaña, como las gacelas, el antílope, el arruí, etc., pero también con bastante frecuencia el león. El hombre se retrata acompañado por el perro durante la caza, pero también junto a un rebaño que parece estar vigilado por un pastor. Y naturalmente aparece el avestruz, de delicada carne que no debieron despreciar, además de suministrar las consabidas plumas tan elocuentes.

Estrella de las imágenes, no obstante, es el caballo que ha dado nombre a este periodo. Se ha retratado a este équido delante de un carro mediante un tiro de dos o incluso cuatro caballos, con un conductor de pie sobre una plataforma. En época quizás algo más tardía los caballos aparecen montados por un jinete, habitualmente armado con una lanza o jabalina y un escudo redondo (*rodela*).

Con la llegada del caballo se registró un movimiento poblacional de gran envergadura. Los investigadores están de acuerdo en señalar que se trata de pueblos nuevos que se introdujeron en el Sáhara desde zonas del norte, del Mediterráneo, y que llegaron para establecerse allí.

Junto a los carros surgió un extraño convencionalismo en el modo de retratarse los autores de las pinturas, vestidos con una túnica ceñida por la cintura, que vuelve a ensancharse a la altura de las rodillas (las de las mujeres son generalmente algo más largas). Es esta forma denominada bitriangular, la de dos triángulos opuestos, la que acabará de ser la representación más singular de los personajes de esta época. En muchas ocasiones su cabeza se indica con una simple barra vertical. Esta figura se convierte en habitual en el Sáhara, pero va disminuyendo conforme nos alejamos hacia el oeste, donde se impondrán mayoritariamente los antropomorfos realizados mediante simples líneas.

Para resumir *grosso modo* los cambios acontecidos en esta etapa, estos afectan al estilo, se constata la disminución de un buen número de animales debido al cambio climático, se observa la presencia de pueblos nuevos que, desde luego, no solamente van provistos con otro tipo de vestimenta, sino que también portan objetos hasta ahora inexistentes y se nos muestran como guerreros sobre veloces carros de guerra. Entre el nuevo armamento, que emplea elementos metálicos, los de mayor interés son la lanza y el escudo redondo, que han sustituido al arco y a las flechas y, con menos frecuencia aparecen también espadas, alabardas y dagas. Es precisamente en este periodo cuando aparecen las primeras inscripciones líbico-bereberes, pues estas poblaciones ya definitivamente se identifican con los bereberes.

Tin Aboteka, Tasili (Argelia).

Es posible que el carro esquemático sea el que entre todos los elementos retratados en el arte rupestre constituya el mejor ejemplo de cómo se produjo la esquematización, pues a diferencia de muchos otros temas, se reconocen perfectamente las diversas tipologías que se han ido produciendo desde su forma más naturalista, como la de la fotografía anterior, hasta llegar a ser prácticamente un motivo geométrico, con el que resulta fácil confundirse.

En primer lugar, desapareció la representación de los caballos y del conductor del carro, para permanecer de forma casi exclusiva la caja o plataforma de este, sus dos ruedas -con o sin eje y a veces radiadas-, y el timón con el yugo, representados conjuntamente en la forma de nuestra letra "T". De hecho, los más esquemáticos solo son una sucesión de tres círculos de desigual tamaño con la "T" añadida, por lo que no siempre resulta fácil de relacionar esta forma con los carros mucho más naturalistas del Sáhara central.

Talat-n-lisk, Yagour Alto Atlas (Marruecos).

¿Pero qué ha pasado exactamente para que se produzcan dichos cambios? Simplemente, se han dejado de representar todos aquellos detalles que los autores no debieron de juzgar imprescindibles para reconocer el objeto. Junto con este hecho se crea una convención, o sea, se conoce el significado por dicha convención, puesto que muchas veces ya no es posible deducirlo de forma directa a partir de la imagen. Se trata de un proceso muy importante que muestra la capacidad de abstracción y la creación simbólica del ser humano. Desde luego, todas las sociedades han recurrido a ella en un momento dado.

El carro se presenta en un territorio enorme, ejemplos pueden encontrarse en diferentes regiones, en casi todo el norte de África, además del Sáhara central (Lhote: 1982). No obstante, esto solo es cierto para el carro esquemático. Los ejemplos más naturalistas, con sus correspondientes caballos y jinetes, se quedan prácticamente en el Sáhara, mientras que su equivalente esquemático sí que está en todas partes, incluidas las zonas próximas al océano Atlántico, en las cadenas montañosas, en el Atlas Sahariano, o en el Alto Atlas, etc.

Los carros esquemáticos de la presente fotografía han sido documentados en Aouafilal, cerca de la localidad de Taouz, situada en el este de Marruecos. En este panel se encuentran varios carros grabados que forman un conjunto. Sirve para ejemplificar hasta qué punto sería posible su confusión con motivos geométricos a secas, si no conociéramos la evolución de este tipo de representaciones.

La distribución geográfica del carro en el norte de África y Sáhara es muy llamativa y plantea algunos interrogantes. Por un lado, y pensando en los autores responsables de su trazado sobre la roca, hay que preguntarse si dicho motivo se ha desplazado junto con ellos o si, por el contrario, fue un símbolo que las sociedades adoptaron por contactos culturales sin que ello implicara necesariamente la presencia de carros en sus zonas de hábitat. Se trata al mismo tiempo de una incógnita que convendría despejar para otros elementos del arte rupestre y, como se verá más adelante, cada motivo requiere un tratamiento particular, ya que en absoluto pueden aceptarse generalizaciones indiscriminadas.

Ha sido propuesto por más de un investigador que el carro esquemático se convirtió –sin poder especificar desde qué momento, ni dónde- en una representación simbólica. Hay un argumento que parece justificar esta hipótesis, pues es posible ver los carros grabados en lugares donde resultaría tremendamente difícil circular con ellos, por no decir prácticamente imposible. Si ya el accidentado paraje del Tasili resulta problemático para el ascenso a sus cotas más elevadas (el investigador H. Lhote tuvo que lamentar en sus subidas la caída de alguno de sus animales de carga por aquellos precipicios al borde del camino), igual de difícil o más incluso resulta llegar a ciertas zonas del Alto Atlas con un carro que exigiría una vía relativamente ancha y no muy empinada, que desde luego no existe en todas partes. Pero encontramos su representación en zonas altas, casi inaccesibles. Tampoco parece viable imaginar allí este originario carro de combate a pleno galope persiguiendo o huyendo de enemigos, con los que podría estar librando una batalla. Por tanto, la representación gráfica de los carros llegó mucho más allá de donde realmente se usaron, lo que implica un valor simbólico que está por desvelar.

Ouaoufilal, Taouz (Marruecos).

La escena en ocre y negro procede de Assouf Mellan, Ahagar (Argelia), y constituye un detalle de una pintura rupestre en una región en la que en principio es más común ver el empleo de la técnica del grabado.

A partir de algún momento predomina el caballo montado, habitualmente por guerreros armados con una lanza y un escudo redondo, como se aprecia en esta fotografía con el jinete dibujado cerca del centro de la imagen. Como resultado de su esquematización, este ha sido trazado mediante una simple cruz indicando la barra vertical su busto y cabeza, la horizontal sus brazos, en ocasiones se dejaba ver la rienda con la que conducía el caballo, una espada y, como en este caso, un círculo a la derecha que representa el escudo redondo.

Hay también varias personas a pie, algunas casi borradas por el paso de los años y las inclemencias del tiempo. Sin embargo hay una figura bien visible, dibujada en negro casi en el centro del panel. Las partes del cuerpo fueron trazadas mediante simples líneas verticales y horizontales, pero lleva una túnica colgando de sus brazos. Se trata de otra convención que se aprecia en diversas pinturas y grabados.

En paneles de este tipo es en los que uno puede sospechar la presencia de inscripciones líbico-bereberes, que buscaría en vano entre los de los periodos anteriores. De hecho, estos eran los grabados que se habían convertido en mi *leitmotiv* cuando me dedicaba a la búsqueda de textos de esta escritura en el Sáhara. Y efectivamente, pude recopilar una inscripción inédita en este yacimiento, que se comentará más adelante en el apartado dedicado al tema de la escritura.

Assouf Mellan, Ahagar (Argelia).

La fotografía se corresponde con un detalle de una de las paredes verticales del Djebel Zinchecra, en las inmediaciones de la antigua capital de los garamantes, la actual Germa. En este grabado complejo destaca un caballo montado por un jinete armado con el habitual escudo, que aquí es cuadrado en vez de redondo. El jinete, sin embargo, ha sido trazado mediante la típica forma del cuerpo bitriangular, tan común para el guerrero libio en las imágenes pintadas del Sáhara central. Un aspecto que llama la atención es su cabeza en forma de "champiñón", una de las convenciones para retratar la cabeza, entre las que dos se repiten insistentemente: la "cabeza de champiñón", como la de esta imagen, y las denominadas como "cabeza de bastón", una barra vertical como representación exclusiva para la cabeza. Otras, como la "cabeza trilobulada" es mucho más rara de encontrar, pero forma igualmente parte de la tipología para su representación.

Este panel del Djebel Zincechra muestra diversas superposiciones, otro problema que se plantea con suma frecuencia para el estudio y, con ello, para la interpretación de las composiciones surgidas en diversos momentos.

Vamos por partes. Al margen del motivo central que llama la atención desde el primer momento, el del caballo con su jinete, existen otros cuadrúpedos. Sin embargo, la mayor parte solo se detecta tras una mirada atenta. Uno de ellos está justamente debajo del caballo, y fue trazado antes de este. De hecho, ha sido realizado mediante una técnica distinta, con puntos de percusión muy separados y, a diferencia del équido, no existe abrasión de los surcos. Se distinguen relativamente bien las cuatro patas a modo de líneas verticales, siempre detrás de las del caballo, pero también se descubre su espalda, que discurre algo por encima de la otra.

Un poco más fácil resulta identificar a otro bóvido, que se encuentra encima y un poco a la derecha del caballo. Primero conviene localizar los dos cuernos que se ubican a la derecha de este cuadrúpedo; a partir de ellos es más sencillo hacer un seguimiento de las líneas de su cuerpo, que responden a un picado de puntos de percusión discontinuos al igual que el bóvido sobre el que se grabó el caballo. Y si nos desplazamos hacia la izquierda siguiendo en la misma altura, nos resulta relativamente fácil localizar otro bóvido.

Hay más animales grabados que se intuyen sobre el panel, algunos posiblemente también son bóvidos, así como múltiples líneas rectas que se identifican mayormente con motivos geométricos simples.

Djebel Zinchecra, Fezán (Libia).

Las representaciones de camellos aparecen en torno al cambio de la Era, como ya he señalado. A diferencia del anterior periodo, su llegada no parece implicar un movimiento poblacional, con nueva ocupación del territorio por sociedades venidas de otros lugares. Ni siquiera se introducen significativos cambios entre los grabados y pinturas de estos dos últimos periodos del arte rupestre, al margen de la aparición de este animal. Y como ya ha dejado de manifiesto algún investigador, el camello aparentemente cruzó él solo el continente africano. Debe entenderse aquella afirmación como resultado de una adquisición progresiva, pero rápida, entre las distintas comunidades, ya que se trataba de un animal muy estimado por sus especiales características. A diferencia del caballo, el camélido es poco exigente en agua y pasto, sus pies anchos con almohadillas gruesas le permiten andar sobre todo tipo de terreno, incluida la arena del desierto, es más útil para transportar la carga y está adaptado a regiones en las que ya definitivamente los recursos hídricos son escasos y distantes entre sí. En fin, resulta ser idóneo para las caravanas, que comunican un lado del continente con otro. Y como dicen los tuaregs, de él se aprovecha todo: es sumamente apreciada su leche y su carne, al igual que su piel.

In Itinen, Tasili (Argelia).

No hay que suponer, sin embargo, que el caballo haya sido sustituido por aquel. Y es que no todo va a ser desventaja; en comparación con el camélido es mucho más veloz, por tanto, más útil en un enfrentamiento bélico. Es lo que testimonian numerosos dibujos o grabados en los que aparecen conjuntamente y no siempre es fácil determinar a cuál de los dos periodos pertenece un grabado. Pues mientras que el caballo ocupa su puesto en ambos, la presencia del camello define, por el contrario, exclusivamente el último. O sea, cuando el camello falta, no automáticamente se trata de una imagen perteneciente al periodo del caballo. Y no hay que olvidarse tampoco de los demás animales que están presentes en cualquiera de los dos periodos, como lo son las cabras, ovejas, serpientes, leones, arruís, avestruces, etc. Por lo demás, las convenciones artísticas son prácticamente idénticas y la evolución hacia el esquematismo se produce lentamente, y muchas veces dependiendo del lugar donde se encuentran los paneles con pinturas o grabados rupestres, ya que en algunos casos es manifiesta la herencia del periodo anterior durante algún tiempo.

La fotografía seleccionada aquí para documentar el periodo del camello procede del Tasili (Argelia) y sirve para explicar este argumento que acabo de exponer. Se trata de un panel con pinturas pertenecientes a distintos momentos, aunque dentro del mismo periodo.

El panel se compone de tres partes que aparentemente no se relacionan de una forma directa. En la parte superior se ha retratado el paso de un grupo de personas con sus camellos de un lugar a otro, además de unas líneas escriturarias *tifinagh*. La forma de los animales y de los humanos no alcanza ni de lejos el esquematismo que se impondrá más adelante y con especial intensidad fuera de la zona del Sáhara. Las figuras humanas han sido retratadas con los atuendos que les confieren formas bitriangulares, llevan por armas espadas, lanzas y el escudo redondo. Un grupo forma la cola; algunas personas cargan una especie de cestos.

Existen varias inscripciones *tifinagh* en la imagen. En concreto, se distinguen cinco líneas verticales de cierta longitud en distintos sitios. Deben de leerse desde abajo hacia arriba, como se entiende a partir del comienzo tan común en la primera y última línea, de "awa nek" (dibujado por dos puntos, línea, tres puntos en triángulo), y que significa "soy yo", fórmula tras la cual continúa el resto del texto. Esta fórmula, así como la presencia de signos hechos en base a puntos, nos indican que se trata del *tifinagh*, la modalidad actual del líbico-bereber utilizada en el Sáhara.

En la misma parte superior, pero a la derecha, hay otra escena que, aunque es más pálida debido a la mayor incidencia del sol, todavía resulta relativamente bien reconocible. Aquí se trata del "relato" de una caza de león, animal que se encuentra a la izquierda de esta imagen. Lo persiguen dos personas armadas con lanzas.

Detalle inferior de la misma fotografía anterior (In Itinen, Tasili, Argelia).

La parte inferior refleja un esquematismo mayor, la escena resulta casi estática a pesar del caballo con su jinete a la derecha que aparentemente marcha de un lugar a otro.

En esta sección del panel aparecen diferentes tipos de antropomorfos. Por un lado, en el extremo de la izquierda, se ve una figura trazada a partir de una especie de "8" a la que se le han añadido unos trazos para señalar la cabeza y las extremidades. Se identifica de este modo como un cuerpo bitriangular muy esquemático, algo parecido a la figura inferior en la que se reconoce aún un triángulo de la cintura hacia abajo. En la parte derecha, no obstante, las figuras antropomorfas están hechas mediante simples líneas, con los brazos en alto, uno de ellos con una espada a la altura de la cintura. Finalmente, el jinete ha sido indicado mediante una sola barra vertical. Una línea blanca irregular que arranca a la altura de la cabeza del caballo rodea a los dos personajes situados a su izquierda; un posible significado que no se puede descartar es el que los haya capturado. Haciendo valer cierta prudencia que siempre se hace necesaria, es posible también que se trate de unas aportaciones posteriores, ya que se observa la superposición del trazo blanco sobre el rojo de los antropomorfos.

No me atrevo a dar una explicación a los rectángulos que aparecen de manera destacada, uno de ellos relleno de trazos verticales, para los cuales se han barajado distintos significados posibles. El más recurrente es la representación de una jaima o zeriba, porque muchas veces aparecen personas en el interior, pero aquí no queda tan evidente.

Llama la atención un tenue motivo geométrico complejo a la derecha de la franja inferior, apenas visible, para el que hay paralelos en tantas imágenes, entre ellos, también en la iconografía canaria. Entre estos, se podría mostrar fácilmente algunos similares en El Julan en la isla de El Hierro, pero tanto aquí como allá su significado se nos escapa. Únicamente puede señalarse esta presencia reiterada en yacimientos en los que se reconoce algún elemento seguro del ámbito bereber, como lo es la escritura. Y tampoco costaría mucho hallar figuras similares a los antropomorfos realizados mediante simples líneas, como podemos apreciar en buen número en Gran Canaria.

Gran Canaria es la isla que aporta el mayor número de representaciones figurativas reconocibles en el archipiélago canario. Resulta posible identificar varias de entre estas, incluso cuando se asimilan a motivos geométricos, que son mucho más difíciles de interpretar. En primer lugar, destacan las representaciones antropomorfas, de las que existen numerosísimos ejemplos. Los de la fotografía fueron grabados en el Barranco de Balos, un yacimiento que además ha aportado la mayor cantidad de inscripciones líbico-bereberes de esta isla. Las formas humanas hechas mediante simples barras, como las de este lugar, tienen sus antecedentes en el arte rupestre africano del ámbito bereber, como se ha visto en algunas imágenes del Sáhara, pero también en otros lugares.

Un argumento que ya he repetido en múltiples ocasiones es que si el arte rupestre del norte de África y Sáhara puede considerarse como un libro ilustrado sobre la humanidad (como mínimo, los últimos cinco milenios antes de nuestra Era), a las islas Canarias llega solo el último capítulo de este, pero además ni siquiera completo, ya que se quedan fuera de nuestros grabados prácticamente todas las representaciones de animales. En el Archipiélago, los grabados reproducen fundamentalmente motivos geométricos de diversa tipología, además de algunos pocos símbolos y motivos reconocibles, como lo son los antropomorfos y los podomorfos.

Conviene advertir también dos hechos importantes. Por una parte, que no es lícito comparar simples motivos aislados, puesto que es imprescindible conocer las relaciones sincrónicas y diacrónicas inherentes. O sea, las que se presentan por lo general formando conjuntos sobre el panel, aparentando haber sido hechos en el mismo ámbito cultural y en fechas próximas. Por otra parte, se sabe de algunos motivos que son el resultado de una larga evolución, conociéndose sus antecedentes, como se ha visto con el ejemplo del carro esquemático o de ciertas formas humanas. Hay que tener en cuenta por lo demás que las figuraciones geométricas constituyen un número limitado de formas, que se repiten constantemente en las expresiones gráficas humanas a lo largo de casi todo el mundo, donde se han plasmado trazos lineales y figuras geométricas de menor o mayor complejidad, porque la construcción simbólica es universal, además de un paso importantísimo en el desarrollo de formas de expresión más sofisticadas.

Barranco de Balos, Gran Canaria.

Los motivos con forma de planta de pie o sandalia son muy recurrentes junto a las inscripciones líbico-bereberes. Los de la presente fotografía proceden del sur de Libia, pero se podrían aportar ejemplos de casi todas las regiones donde hay grabados bereberes, ya que destacan igualmente en Marruecos y Argelia.

Para este motivo tenemos la suerte de disponer de una serie de interpretaciones que los investigadores han podido recoger de personas mayores que les comunicaron su significado. Una de ellas procede de R. Letan (1966:456) en Marruecos, quien hizo pública la explicación que le dio un anciano en una montaña con multitud de grabados podomorfos e inscripciones líbico-bereberes. Según aquel hombre, si alguien se había enfermado, colocaba el pie sobre la roca y trazaba el borde de la planta del mismo, con la esperanza de que ello llevaría a la curación del mal que padecía. En el Sáhara, algunos tuaregs han manifestado que grababan dicho motivo con el fin de ahuyentar a los malos espíritus. Estas referencias, si bien no son iguales, sí dejan entrever en dicho símbolo un carácter benefactor o de alejamiento del mal.

Algus, Fezán, (Libia).

Cueva Palomas, Femés, Lanzarote.

En Canarias han aparecido numerosos grabados rupestres podomorfos, es decir, con forma de huellas de pies y, frecuentemente, en yacimientos en los que también existen inscripciones líbico-bereberes. En Cueva Palomas (Femés, Lanzarote) se combinan inscripciones junto a motivos podomorfos, además de otras manifestaciones principalmente geométricas. La presente fotografía muestra dos pies realizados mediante la técnica de la incisión y a la derecha otra planta de pie hecha mediante un picado con puntos de percusión disconti-nua. Hay otras manifestaciones interesantes en este panel, principalmente una inscripción algo deteriorada por puntos superpuestos. Los cuatro signos inferiores son líbico-bereberes, aunque un picado por encima de estas letras -no es posible saber con qué intención ni en qué fecha se hizo- dificulta la identificación de uno de los caracteres. La misma línea, con idéntica técnica, tamaño y espacio de caracteres se complementa en la parte superior con signos de otra escritura presente solo en Lanzarote y Fuerteventura, la denominada -a falta de su identificación exacta- como libio-canaria o libio-latina. A diferencia del líbico-bereber, y pese a que se conoce desde finales del siglo pasado, aún no ha podido ser determinado su origen, e incluso se ignora en qué lugares del continente africano podrían aparecer los mismos caracteres, a fin de poder situar aproximadamente su procedencia. La posibilidad de que fuera púnica, como han defendido algunos autores (González *et all.,* 1995) ya ha sido descartada completamente (Tejera y Perera, 2011).

Foum Chenna (Tinezouline) es una estación rupestre de gran tamaño situada al borde de un oued (el cauce seco de un río, que nosotros llamaríamos "barranco"), que se encuentra cerca del río Draa. Se trata del yacimiento que ha aportado el mayor número de inscripciones líbico-bereberes en todo el país. He seleccionado un panel en el que se presentan varios elementos que deseo comentar.

En la parte superior hay una inscripción líbico-bereber consistente en tres líneas verticales, que pueden identificarse con facilidad y entre los que se repite insistentemente un elemento con forma de medio rectángulo, abierto hacia arriba, que representa una /m/.

El tema mayoritario sin embargo es el de los caballos y camellos, que están juntos en el mismo espacio. Uno de estos cuadrúpedos está montado por un jinete que, al igual que alguna persona de pie, lleva un escudo redondo. Hay más cuadrúpedos, de los que me atrevería a identificar a algún arruí u orix, un posible perro y también parece estar presente el avestruz, en el extremo de la izquierda.

Otros temas completan este panel, todos conocidos en el ámbito cultural bereber.

Entre los motivos no animados aparecen algunos geométricos. Una especie de línea curva, un meandriforme al lado de la inscripción, suele ser interpretada por lo general y por la gente del lugar como una serpiente. En la parte inferior destaca un rectángulo, que posiblemente se identifica con la planta de un pie.

Foum Chenna, Tinezouline (Marruecos).

En esta estación rupestre, situada en las cercanías de Taghit (Argelia), coexisten las inscripciones líbico-bereberes con caballos y camellos montados por jinetes armados, representaciones antropomorfas aisladas, además de algunos motivos de épocas anteriores, como bóvidos, y también otros posteriores, prácticamente actuales. Completan las escenas animales sin montura, entre ellos el escorpión, la jirafa y otros cuadrúpedos, posiblemente cabras, una serpiente o meandro, todos ellos muy esquemáticos. Tampoco faltan formas geométricas como rectángulos, rectángulos con subdivisiones, etc., en fin, se trata de un yacimiento que acusa la intervención en diversos momentos de la historia, pero en el que el ámbito cultural bereber resultaba evidente para la mayor parte de los motivos (Springer, 1998).

Ksar Barebi (Argelia).

Mientras que las representaciones genuinamente bereberes podrían considerarse propias de las estaciones de estas épocas, este lugar cuenta con un dato excepcional para los grabados del norte de África, y me refiero aquí a la memoria colectiva que explica el significado y la razón de las escenas allí representadas. Tuve la enorme suerte de que, cuando estaba fotografiando los grabados, acudiera un anciano de 92 años a este lugar y se ofreciera a dar una explicación acerca de lo que yo estaba contemplando. El hombre contaba la leyenda, según la cual, un grupo de personas había aprovechado el lecho del oued (barranco) para trasladarse, cuando se encontró frente a la población allí asentada. Entre ambos grupos se desataría una lucha por el control del territorio, de la que algunas imágenes narraban aquellas escenas plasmadas en la roca. El anciano bereber terminó su relato afirmando que al final ellos se fusionaron, asentándose los recién llegados en el mismo lugar.

Pocas veces se ha podido obtener una versión de los hechos tan nítida como en este caso. No obstante, es difícil precisar, incluso conociendo las diferentes batallas que podrían reflejar los grabados, en qué medida la leyenda resultó de la lectura de las figuraciones o, si por el contrario, se trata de una memoria colectiva real que se ha mantenido. Como se verá, la historia permanece aún viva entre los habitantes, con más o menos datos acerca de los acontecimientos.

Ello obliga a la consulta de fuentes escritas para comprobar estos datos de trasmisión oral. Y efectivamente, existen referencias sobre este acontecimiento que menciona la llegada de los Ghenanema, después de haber sido expulsados del Sahel, y las diversas disputas que sus desplazamientos originaron (Duvaux, 1901:312).

Hay otro dato más de interés: los signos alfabéticos presentes en este yacimiento coinciden con los utilizados en el archipiélago canario: los signos de este lugar han sido asignados al alfabeto meridional (Mora, 2021 y 2022). Coinciden los caracteres, aunque no la mayor parte de los grabados rupestres, un hecho que ya he mencionado en múltiples ocasiones, pues considero que no se encuentran cuadrúpedos montados y armados entre las manifestaciones isleñas de época aborigen, porque los que existen son claramente posteriores a la conquista castellana.

Chaaba el Beida se encuentra a muy poca distancia de Foum Chenna. Se trata de un yacimiento pequeño, cuyos grabados fueron hechos mediante la técnica del picado. Estos comparten algunas imágenes con el yacimiento vecino, básicamente caballos y camellos montados, algún ovicáprido, una inscripción lamentablemente tan deteriorada que los signos alfabéticos, más que verse, se intuyen levemente. El interés de este lugar estriba no obstante en algunos motivos geométricos (o interpretados como geométricos) de los que es posible deducir su origen más naturalista para algunos de ellos. Me refiero aquí a ciertos cuadrúpedos, solos o con sus jinetes muy esquemáticos.

El motivo más llamativo es el de la izquierda de la fotografía, que podría interpretarse como un cuadrúpedo montado por un jinete en forma de cruz y su escudo redondo. Se corresponde de este modo completamente con las imágenes esquemáticas conocidas; no obstante, en este caso el cuadrúpedo está rematado debajo por una línea horizontal, como si se tratara de subrayarlo. En esta imagen hay otras figuraciones que aparentan ser caballos con sus posibles jinetes, incluso un cuadrúpedo sin montar.

Pero en Chaaba el Beida otros motivos muy importantes son los geométricos: círculos, círculos subdivididos en dos o cuatro, dos círculos unidos para formar una especie de "8". Estas formas, que se encuentran con gran frecuencia en las islas Canarias, particularmente en la isla de El Hierro, son motivos geométricos realizados mediante la técnica del picado. Algunos son morfológicamente similares a ciertos signos alfabéticos líbico-bereberes pero, al no encontrarse formando una sucesión en una línea, como exigiría un texto alfabético, no es posible decantarse por esta posibilidad.

Chaaba el Beida (Marruecos).

Las formas geométricas irregulares, círculos, óvalos, círculos y óvalos divididos en dos o en cuatro, otros motivos más complejos con subdivisiones interiores, algunas formas que se asemejan a las representaciones de huellas de pies, etc., son las que predominan en los yacimientos realizados mediante la técnica del picado, como en este panel de Los Números, en El Julan (El Hierro). Salta a la vista que muchos de ellos son coincidentes con los motivos representados en la imagen de Chaaba el Beida, y no costaría mucho hallar semejanzas entre algunos grabados canarios y muchos de los yacimientos del ámbito cultural bereber en Marruecos, pero también en Argelia y Libia. Aunque es cierto que resulta imposible identificar en este panel a ningún caballo o jinete armado, sí existen numerosas figuraciones geométricas que son idénticas entre los yacimientos de estas dos últimas fotografías comentadas.

Los Letreros, El Julan, El Hierro.

EGIPTO. Dinastías libias en Egipto

Los libios ocupaban los territorios al oeste de Egipto, eran por tanto sus vecinos inmediatos, los lebu y los mashauash. Y no solamente eran sus vecinos, sino que en diversos momentos y por determinadas circunstancias, muchos de ellos llegaron a asentarse en el propio país del Nilo, incluso algunos faraones fueron de este origen.

Egipto ha impregnado un sello peculiar a su arquitectura, sus templos y a sus pirámides, enriquecidos mediante magníficos relieves, antaño de vivos colores, actualmente desvanecidos en su mayor parte. Esta iconografía egipcia destaca por unos rasgos tan singulares que se diferencian claramente de los convencionalismos artísticos de otros pueblos; resulta prácticamente imposible confundirlos. Me refiero aquí sobre todo a la ornamentación que se puede admirar en las paredes y columnas de estas construcciones, así como en los interiores de las tumbas labradas en el Valle de los Muertos. Pero no solamente se trata de las típicas representaciones de divinidades propias, sino que estas reflejan al mismo tiempo sus creencias, su modo de vida, algunos episodios históricos del país, que pueden entenderse a partir de estas imágenes, además de por los abundantes textos en las diferentes escrituras egipcias.

No hay faraón que no dejara constancia gráfica de sus logros, de sus victorias, conquistas y sometimiento de diversos pueblos, escenas que se repiten de forma insistente. Por lo general, y entre otras representaciones, un convencionalismo mantenido a través de los siglos muestra a los vencidos como prisioneros con las manos atadas en la espalda. Pero para evocar las distintas guerras, había que mostrar de forma inequívoca de qué pueblos se trataba y quiénes eran los prisioneros que habían hecho, si fueron los hicsos, los nubios, etc. Había que destacar, pues, un detalle específico con el que fuera posible identificar a cualquiera de ellos, detalle que también sirvió para su representación en otros contextos, como en el de la presente fotografía.

Las características formales mediante las que los egipcios representaban a los libios coinciden sorprendentemente con los convencionalismos a los que recurrían ellos mismos al retratarse en las imágenes rupestres del centro del Sáhara: llevando como vestidura una capa -aparentemente de piel- y sobre la cabeza dos plumas de avestruz, a modo de seña de identidad.

Libios representados en la tumba de Seti I. Valle de los Muertos (Egipto). Foto extraída de la obra de Erwin M. Ruprechtsberger: *Die Garamanten. Geschichte und Kultur eines libyschen Volkes in der Sahara* (1997).

La fotografía que retrata aquí a unos libios es un detalle de una de las pinturas murales en la tumba de Seti I y fue extraída del libro de *Die Garamanten* (Ruprechtsberger, 1997). Seti I fue faraón en el s. XIII a.C., por lo que coincide cronológicamente con el periodo del caballo, pero ya se ha visto que esta peculiar forma de retratar a los libios se prolongó después durante mucho tiempo entre las pinturas y grabados rupestres.

Aunque los libios habían tenido contacto con los egipcios desde hacía muchísimo tiempo atrás, no es hasta el 945 a.C. cuando Sesonquis toma el poder en Egipto, convirtiéndose en el primer faraón libio. La fecha se corresponde con el tercer periodo intermedio, encabezando la XXII dinastía. A este soberano se le recordará por el papel que desempeñó en la unificación de Egipto en una época muy inestable, así como en relación con el templo de Karnak, en el que acometió trabajos de ampliación. También realizó incursiones a Israel y Judea, en los que acabó saqueando Jerusalén. Sesonquis incluso fue nombrado en nuestra propia Biblia, en un pasaje refiriéndose a Jeroboam quien, perseguido por el rey Salomón, acabó buscando refugio junto al faraón de origen libio.

Existen más representaciones que se suponen de Sesonquis. Entre ellas destaca una efigie de rasgos absolutamente egipcios que está expuesta en el Museo del Louvre, París, y que lleva escrito su nombre.

Las dinastías libias se mantuvieron en Egipto durante algo más de dos siglos. Por lo general se les conoce como una de las dinastías extranjeras, ya que no fue la única que no procedía de dicho país. Entre otras, hay que destacar a los nubios, pero también a la dinastía ptolomaica, de origen griego macedónico, a la que perteneció la famosísima soberana de Egipto Cleopatra VII. Por una especie de golpe del destino, será su hija y la de Marco Antonio, Cleopatra Selene, quien acabará reinando junto a Juba II en el norte de África.

Retrato de Sesonquis. Templo de Karnak (Egipto).

Ciudades libias en el desierto en época romana: **LOS GARAMANTES**

Wadi el Adgial (Libia).

Si en el pasado ha vivido en el desierto un pueblo cuyo nombre suena con fuerza, este se identifica sin lugar a dudas con los garamantes, legendarios habitantes del sur de lo que hoy día es Libia. Su capital, la antigua Gerama, dista por las actuales carreteras algo menos de 1.000 km de Trípoli, una distancia que, si bien puede parecer enorme pensando en recorrer dicho trayecto a camello o a caballo, no ha impedido sin embargo el movimiento de los pueblos desde la costa del Mediterráneo a este lugar. Al mismo tiempo, y hacia el oeste, se encuentra el Tasili, en Argelia, centro de arte rupestre del Sáhara, con el que el Acacus forma lo que se ha convenido en llamar "Provincia del arte rupestre".

Asombra ver que Germa, como se llama hoy día, sea un lugar rodeado de tantísimos huertos, a pesar de ubicarse en pleno desierto libio. La presente fotografía ha sido tomada desde lo alto del cercano Djebel Zinchecra, a cuyos pies discurre el Wadi El Adgial, que alimenta una sucesión de campos de cultivo bendecidos por el agua que se ha acumulado en el subsuelo. Es por ello que allí se jalonan importantes ciudades, como Ubari, El Hatir, Germa, El Gser, Chlef, El Abiad, etc.

Garama, Germa (Libia). Restos de la antigua capital de los garamantes.

Se dispone de una amplia bibliografía sobre ciertos sucesos ocurridos en estos entornos en la Antigüedad. Heródoto ya facilitó algunas descripciones de los garamantes en el s. V. a.C. En sus relatos menciona los carros tirados por caballos, con los que los garamantes aparentemente perseguían a los etíopes. Es uno de tantos casos en los que se confirma que las representaciones y escenas grabadas sobre la roca responden a una realidad histórica, teniendo en cuenta además que dichos carros han sido descritos siempre como carros de combate. Son muy numerosas las imágenes del periodo del caballo, entre las cuales las del carro están datadas desde el 1.500 a.C. hasta el cambio de la Era, por lo cual la descripción de Heródoto coincide plenamente con este periodo del arte rupestre. Y cuando se inicia el periodo del camello, los habitantes vuelven a ser mencionados por enfrentamientos bélicos, pero esta vez se trata de incursiones que realizaron los romanos para castigar y someter a los garamantes, bajo el mando de Lucio Cornelio Balbo (21-20 a.C).

De la antigua y legendaria ciudad de Gerama quedan actualmente solo las ruinas. Es una ciudad que ha sido remodelada en múltiples ocasiones y ha estado ocupada hasta hace no demasiado tiempo, por lo que las sucesivas amortizaciones y reconstrucciones han destruido en gran medida las antiguas edificaciones de los garamantes, dificultando hoy en día el reconocimiento de muchos detalles constructivos. No obstante, ha sido objeto de varias excavaciones arqueológicas, por lo que se dispone de un conocimiento sobre cómo debió de ser el aspecto de esta ciudad en distintos momentos, además de los restos materiales que han sido extraídos y que pertenecen a diversas épocas.

Zinchecra es el nombre de uno de los promontorios que se levantan frente al Wadi el Adgial muy cerca de la antigua capital de los garamantes. Desde su cima es posible admirar numerosos restos de construcciones de diversa índole de la época de los garamantes, sobre los que no se produjeron tantas superposiciones posteriores y, por tanto, resulta más fácil imaginar cómo serían en las épocas en las que fueron habitadas. Y a las ventajas de la ubicación que tiene Germa, habrá que añadir las de Zinchecra, que es un punto estratégico en el borde de la hamada, desde el que se ejerce un control perfecto sobre el fecundo Wadi el Agial, así como sobre el mar de dunas que continúa en dirección norte. Desde ahí resultaría fácil percatarse de lo que ocurre a bastante distancia, como los movimientos de ejércitos y el tránsito de caravanas. Ello debió de aportar una información de vital importancia en los diferentes momentos del pasado, teniendo en cuenta lo que hoy sabemos de las incursiones bélicas que llevaron a cabo los romanos, pero que seguramente también se habían producido con anterioridad y que con toda probabilidad seguirían produciéndose después.

En Zinchecra se documenta la presencia humana en forma de numerosas construcciones de diversa tipología que se hallan en la cima, laderas, así como también a pie de la montaña. En la parte más alta se levantó un muro de lado a lado de este promontorio, que aparenta delimitar el espacio del mismo hacia la hamada colindante.

Además de los restos de varias construcciones, hay múltiples manifestaciones rupestres, pertenecientes a diferentes periodos, una de ella ya la he mencionado en el apartado dedicado a este arte rupestre y que trataba de un caballo con su jinete, realizado mediante la técnica de incisión. En la cima hay un panel en el que se muestra la combinación de plantas de pie o sandalias hechos mediante la incisión y posterior abrasión (en una de ellas se observa también la presencia de puntos de percusión) junto a inscripciones líbico-bereberes, en este caso, la modalidad más reciente, el *tifinagh*.

Djebel Zinchecra (Libia).

Si se mira desde lo alto del Djebel Zinchecra hacia la hamada y el lecho del barranco, se distinguen los restos de múltiples construcciones. En primer plano, y casi todavía en la cumbre, se divisan varios muros, restos de casas, mientras que en la zona baja se encuentran las plantas de otras, reconocidas como antiguas viviendas, entre ellas algunas edificaciones de forma alargada y con subdivisiones (Ruprechtsberger: 1997).

Vista desde la cima del Djebel Zinchecra. Campo de túmulos (Libia).

Pero lo que llama la atención es el gran número de montículos en forma de círculos, numerosísimos túmulos de los que la mayoría tienen su parte central hundida. Fue por esta morfología tan peculiar que el citado arqueólogo austríaco los ha comparado con "nidos de pájaros" y, efectivamente, desde cierta altura tienen este aspecto. El hundimiento existe donde se hallaba el cuerpo del difunto, y este hoyo ha sido causado en muchos casos por los saqueadores de tumbas. Es probable que su número exacto no se conozca nunca, se calcula una cifra en torno a los 45.000 para este lugar y los alrededores. En comparación con los restos de las casas y otros edificios, da la impresión de que los garamantes invertían muchos más esfuerzos constructivos a la vida en el más allá que a sus propias viviendas. Y es probable que así sea, pues a las casas construidas mediante bloques de piedra habría que sumar muchas de materiales más endebles, como las zeribas o jaimas, de las que no han quedado restos que puedan observarse hoy día.

En cuanto a las tumbas, a lo largo del norte de África y Sáhara existe una gran variedad tipológica (bazinas, círculos de piedras hincadas, túmulos simples, túmulos en forma de media luna, túmulos de antenas, túmulos de corredor, túmulos con plataforma, monumentos con capilla, monumentos con varias cámaras, etc.), que pueden encontrarse en la mayor parte de los territorios ocupados antaño por los bereberes. Son preislámicas, es decir anteriores a la llegada de los árabes; tampoco son romanas, pues estos nunca tuvieron asentamientos fijos en esta zona del desierto, ni hacían este tipo de construcciones funerarias. En realidad, son distintas manifestaciones de una vieja tradición norteafricana que se remonta al neolítico.

En Gran Canaria también existen túmulos y otros monumentos funerarios anteriores a la conquista, donde se perpetuó este modo de enterramiento de sus ancestros del continente. Por tanto, estos tipos de sepulturas son elementos muy significativos del patrimonio cultural y material de unas sociedades asentadas en un área geográfica enorme, en la que hay que incluir nuestro propio archipiélago.

No solamente impresionan las construcciones funerarias por su enorme abundancia, sino también por su gran variedad. Desde los túmulos más simples, como aquellos que se agrupan por miles en las laderas y cumbres de las montañas, hasta otras bastante más complejas, son múltiples las obras que han sido levantadas para honrar a los ancestros.

Se ha llamado "Cementerio Real" a una sucesión de tumbas con aspecto de mastabas, tal vez pensando en que fueron levantadas para personas de alto rango, posiblemente a los reyes de los garamantes. Lamentablemente las excavaciones realizadas en el lugar no lo han podido confirmar (Ruprechtsberger, 1997), ya que el ajuar funerario de estas construcciones, posiblemente ya expoliadas en fechas anteriores a la realización de los trabajos por parte de profesionales, ha sido relativamente pobre.

Cementerio Real, Fezán (Libia).

En algunas tumbas aparecen estelas en uno de sus bordes y, a pie de estas, unos bloques labrados, provistos de oquedades de distintos tamaños y formas (en esta fotografía asoma a la izquierda y delante de la estela la esquina de una de ellas), que debieron estar destinados al depósito de algún tipo de ofrenda funeraria. Las estelas pueden tener de dos a cuatro formas trapezoidales. Algunas de ellas están expuestas en el Museo de Germa, en dos se presenta una inscripción líbico-bereber.

Lamentablemente, el número de caracteres grabados en ellas es muy escaso (cuatro y cinco signos respectivamente), por lo que resulta imposible deducir el alfabeto utilizado. No obstante, resulta llamativa la falta de los signos propios de los alfabetos *tifinagh* actuales. Pero no sería lícito afirmar que la inscripción es antigua ya que, por el contrario, es igualmente posible que en el reducido texto no hubiera sido necesario el empleo de ninguno de los caracteres que pertenecen exclusivamente al *tifinagh*. Y no sería descabellado pensar que dichos caracteres fueron grabados en momentos más recientes sobre la construcción que ya existía anteriormente.

Detalle de una tumba del Cementerio Real, Fezán (Libia).

Como ejemplo de algún tipo de construcción funeraria más compleja, y también para mostrar la enorme distribución geográfica que alcanza la presencia de este tipo de enterramiento, he deseado aportar esta fotografía del Djebel Ouaoufilal, situado en el este de Marruecos, muy cerca de la frontera con Argelia. Se trata de un túmulo espectacular en una zona llena de vestigios del ámbito cultural bereber, como lo muestran no solamente las abundantes construcciones funerarias, sino también los numerosos grabados rupestres allí presentes.

El túmulo de la fotografía tiene varias cámaras interiores. Gabriel Camps (1995) le dedicó algunas publicaciones al legado de los bereberes de esta zona, entre ellos, a Djorf Torba, situado a unos 150 km de allí, ya en territorio argelino, en la margen del barranco de Guir, a unos 36 km al este de Kenadsa, lugar de numerosas construcciones funerarias.

En el interior de una de ellas (Djorf Torba) fueron encontradas diversas lajas de piedra con distintas figuraciones, algunas pintadas y otras incisas. Una de ellas contiene líneas escriturarias en la superficie en un bloque suelto, ocupado además en su parte central por unos personajes de frente, otros de lado, además de dos orix. El texto se analizará en la parte dedicada a la escritura líbico-bereber.

Ouaoufilal, Taouz (Marruecos).

La mayor parte de los túmulos responde sin embargo a construcciones no muy complejas, en los que se detecta la simple acumulación de piedras que proceden de su entorno. Suelen constar de una cista o caja de piedras en donde se ha depositado al muerto, amontonando sobre él un gran número de cantos. Por lo que permite entrever el pequeño tamaño de la cista, por lo general dichos túmulos debían de estar previstos para enterrar a un solo individuo; la gran cantidad de estas construcciones en el mismo sitio indica una práctica social muy arraigada. En algunos lugares, su número puede ser realmente importante, como ya se ha visto en el caso de los túmulos del sur de Libia, pero es característico también en muchos lugares de Argelia y en Marruecos; también en Gran Canaria.

Touffadet, Ahagar (Argelia).

El túmulo de la fotografía se ubica en el cementerio aborigen situado en el noroeste de Gran Canaria. En este malpaís ha sido levantado un cementerio con unas 700 sepulturas que se asemejan a las bazinas del continente. Esta concentración no es la única ni la mayor dentro de la isla, pues hay que mencionar también el de Arteara, en el centro-sur. Hay otras necrópolis que también debieron contener considerables tumbas, como Mogán o La Isleta, si bien este último aún se conservaba hace más de un siglo, pero desapareció después como consecuencia de las remodelaciones del terreno y construcciones que dieron lugar a dicho barrio de Las Palmas (Alberto, 2020). Como he señalado, estos monumentos funerarios presentan muchas similitudes con cierto tipo que se presenta en el norte de África y Sáhara, por lo que constituye otro referente para estudiar las relaciones de los aborígenes canarios con los del continente.

Maipés de Agaete (Gran Canaria).

Por lo que se sabe hasta ahora, los enterramientos en túmulos simples con una o varias cistas, los monumentos turriformes similares a las bazinas, los monumentos de grandes anillos, como los de Gáldar, etc. son patrimonio de la isla de Gran Canaria, pues no se corresponden con una práctica generalizada en todas las islas. Por el contrario, los enterramientos en simples cistas y fosas fueron utilizados en Gran Canaria, pero también en otras islas. En algunas cistas se depositó un solo cadáver y en otras dos o más, mientras que en el caso de las fosas, en Gran Canaria suelen albergar un solo individuo y en La Gomera uno o dos (Alberto, 2020; Navarro, 1992).

Además, recientes investigaciones proponen que fueron introducidos tardíamente, cuando la isla ya llevaba poblada desde mucho antes. Según lo que se ha podido deducir a partir de dataciones de los restos hallados en el interior de ellos, son posteriores al s. VII d.C. (Alberto, 2020, Alberto *et al.*, 2021). Estos investigadores destacan además que la fecha de su construcción se corresponde con momentos de tensiones entre la población (aumento de muertos por violencia), quizás debido a la llegada de nuevos pobladores a la isla. Ya se verá si las futuras investigaciones confirman o no estas propuestas.

Al igual que en el continente africano, algunos monumentos funerarios se mimetizan a la perfección con el paisaje, debido a que han sido construidos con los propios materiales del lugar. En ocasiones sería difícil de identificar alguna de ellas si no fuera por la oquedad a través de la que se aprecia la cista de piedras donde fue depositado el difunto.

Sin embargo, el enterramiento más común practicado desde los inicios de la ocupación humana en el Archipiélago y que en cambio sí fue utilizado en todas las islas, es el depósito de los difuntos en cuevas naturales, enterramientos colectivos en su gran mayoría. En tiempos recientes han sido publicados numerosos artículos sobre las costumbres funerarias del Archipiélago, con lo que se dispone cada vez de más elementos para la comparación del legado bereber y canario (Alberto, 2020, Alberto *et alii*, 2021).

Detalle de sepultura. Maipés de Agaete (Gran Canaria).

MAR MEDITERRÁNEO. Arquitectura real númida y monumentos funerarios

Tipasa (Argelia). Mausoleo.

El monumento funerario de Tipasa es una brillante construcción que se distingue por su peculiar forma y también por su tamaño; de hecho puede considerarse el monumento más espectacular de entre todos los existentes de la arquitectura real númida. Su diseño recuerda a una pirámide de planta circular, aunque en realidad tiene una forma compuesta con un cuerpo inferior cilíndrico con medias columnas jónicas adosadas a su muro exterior y cuatro puertas equidistantes, además de una parte superior cónica. Alguien no habituado a ver dichas construcciones puede pensar en un primer momento en un legado de otros pueblos: su vago aspecto piramidal recuerda algo al mundo egipcio, y las columnas al de los griegos. Y tal vez por ello se había señalado en alguna ocasión la posibilidad de que habría servido como mausoleo al rey númida Juba II y su esposa Cleopatra Selene, hija de Cleopatra VII, última reina de la dinastía ptolomaica en Egipto. El rey Juba II había establecido su sede en Caesaria, actual Cherchel, de donde dicho monumento queda cerca.

Pero hay serias dudas de que este monumento funerario fuera la tumba de Juba II, porque algunos estudios datan el mausoleo en época anterior a este rey. El investigador F. Rakob apunta por el contrario la posibilidad de que hubiera sido construido para el rey Bocco, como defiende en su publicación sobre la arquitectura númida (Rakob, 1979:149), basándose en datos que situarían su construcción en la primera mitad del siglo I a.C., mientras que el reinado de Juba II es posterior, del 25 a.C. a 23 d.C., o sea, casi medio siglo después.

Por otra parte, la suposición de un parentesco con las pirámides egipcias se desmonta fácilmente con la contundencia que implican las características estilísticas del edificio y su cronología, ya que las pirámides de Egipto se construyeron en torno al tercer milenio a.C., una enorme diferencia en el tiempo, y en nada se parecen a Tipasa.

Durante muchos siglos se produjeron agresiones para demoler la edificación, con la finalidad de obtener acceso a lo que se pensaba que eran los tesoros guardados en su interior. Se observan algunos desperfectos, sin embargo, el empeño fue absolutamente infructuoso, pues no se consiguió entrar ni desde la cúpula, ni por ninguna de las cuatro puertas laterales, todas ellas falsas, ya que el acceso a la cámara funeraria se encuentra debajo de una de ellas.

Por otra parte, este mausoleo tampoco constituye una construcción única o excepcional, ya que son varios los monumentos de esta tipología que surgieron en las proximidades del Mar Mediterráneo. Fueron edificados además durante un lapso de tiempo relativamente largo, algunos incluso varios siglos después del cambio de la Era.

En estas fechas, los pueblos autóctonos del norte de África llevaban ya mucho tiempo en contacto con civilizaciones que trataban de expandir sus dominios y ocupar zonas de su hábitat en el norte de Túnez y Argelia (en menor grado, también en Marruecos). Es por estos contactos que los bereberes, al margen de sus propios e innegables elementos culturales, incorporaron algunos ajenos de los púnicos, griegos (desde la época arcaica a la helenística), o romanos. Pero además de que muchas de las obras de los númidas reflejan una innegable influencia helenística, como lo son los monumentos funerarios, presentan al mismo tiempo un sello particular y único en el Mediterráneo occidental, propio de estos pueblos. Conviene recordar respecto a ello que los propios romanos

Tipasa, detalle de una de las puertas (Argelia).

también deben a los griegos y a los etruscos gran parte de su cultura y su arte, especialmente la arquitectura y la escultura, ya que ningún pueblo puede renunciar a caminos ya recorridos por otros para sus propios progresos.

Ruinas de Cartago (Túnez).

Como se ha visto con este espectacular mausoleo, resulta imposible analizar la historia de los bereberes en el norte de África sin tener en cuenta a las dos grandes potencias que se disputaban el poder en sus territorios, los púnicos y los romanos. Pero si bien se conocen de modo pormenorizado las largas y complicadas contiendas entre ellos, fundamentalmente las tres Guerras Púnicas libradas durante más de un siglo (entre el 264 y el 146 a.C.), mucho menos es lo que se sabe del papel que jugaron los bereberes en estos territorios, donde estaban asentados desde tiempos inmemorables.

Durante la Primera Guerra Púnica (264-241 a.C.), los propósitos de los romanos aún se articulaban prioritariamente en arrebatar las posesiones que los púnicos ostentaban en el Mediterráneo, fundamentalmente en Sicilia, Córcega y Cerdeña y en la península ibérica. La guerra finalizó con la victoria de Roma, que había conseguido arrebatar a sus adversarios muchos de sus dominios. Pero el futuro imperio ya pronto se fijaría la siguiente meta, juzgando necesario ocupar el norte de África al completo, donde Cartago ostentaba el poder sobre vastos territorios de la actual Túnez, especialmente enclaves costeros, y donde se ubicaba su propia capital, Cartago. Este dominio se había ido afianzando durante el último milenio a.C., a partir del momento en el que habían ido ocupando tierras que fueron hábitat de los pueblos autóctonos, los númidas, o sea, los bereberes.

Los bereberes del norte de África han jugado de este modo un rol de gran trascendencia en la historia del Mediterráneo, siendo aliados en ocasiones, adversarios en otras, de las grandes potencias que allí se disputaban el poder. Lucharon en numerosísimas batallas, de hecho, los jinetes númidas eran afamados y, por supuesto, temidos por sus enemigos. Pero nunca intervinieron de forma homogénea en las diferentes guerras, ni siquiera llegaron a participar de forma unida.

Resultó así que la división de los pueblos autóctonos de estas regiones acabó condicionando el que tomaran parte a favor o en contra de los púnicos y romanos, según convenía a sus propios intereses y cambiando de bando cuando lo estimaron conveniente. Con toda probabilidad, su participación era de gran importancia para que alguna de las dos potencias lograra la victoria en una batalla; como prueba de ello, tanto unos como otros trataron de conseguir aliados entre las filas de los númidas masilios y masesilios.

Para comprender quiénes eran estos grupos hay que saber que entre los bereberes del norte de África, hacia finales del s. III a.C., había que distinguir a varios grupos: por una parte a los númidas, que estaban asentados en lo que hoy es el norte de Túnez y Argelia (masilios y masesilios respectivamente) y los mauri, en lo que ahora se corresponde con aproximadamente la zona norte de Marruecos, por tanto, los pueblos que habitaban en la zona más occidental. Al sur de estos territorios hay que mencionar, entre otros, a los gétulos, que participaron igualmente en algunas contiendas armadas.

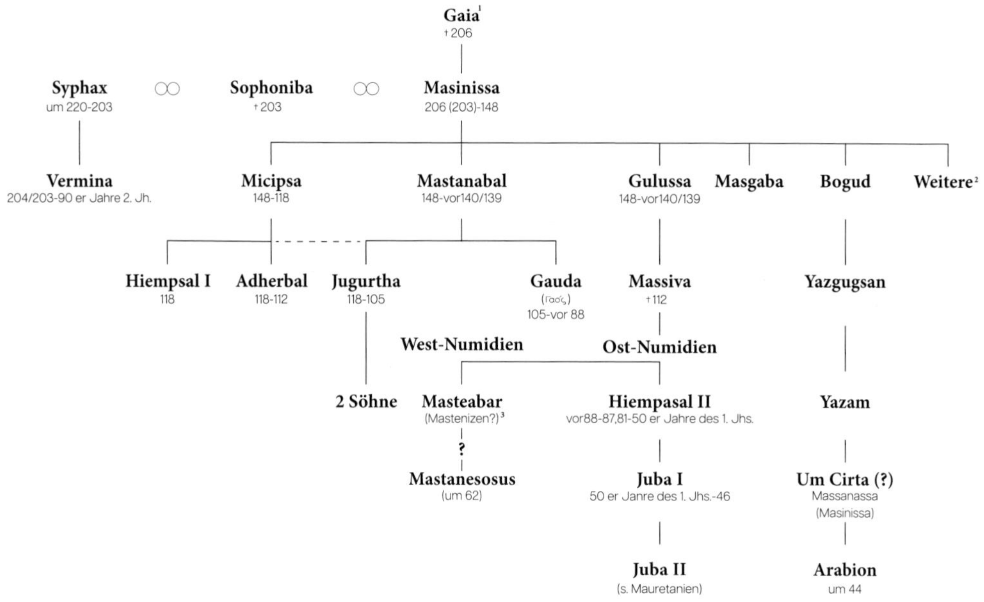

Los reyes númidas. Reconstrucción de dinastías. Fuente: *Die Numider. Reiter und Könige nördlich der Sahara* (1979:665), M.R. Alföldi y C.B.Rüger.

Gran parte de la Segunda Guerra Púnica (218-201 a.C.) se libró en tierras de los númidas y con la participación de ellos. De este modo, en la victoria de los romanos había resultado significativa la participación de los númidas aliados a ellos, lo que tuvo por consecuencia directa el que Masinisa, rey de los masilios, obtuviera grandes beneficios.

Masinisa había luchado inicialmente al lado de los púnicos en Hispania. No obstante, después de la muerte de su padre, el rey Gaia, y tras un cambio de alianzas que afectaría a diversas confederaciones, acabó situándose al lado de los romanos para intervenir junto a ellos en la Segunda Guerra Púnica, en la que consiguen la victoria. Como contrapartida, Masinisa, gracias a su ayuda a los vencedores, se consolidó como rey de su pueblo y pudo ocupar las tierras que le habían sido arrebatadas a su padre (por parte de Syfax, rey de los masesilios) en los alrededores de Cirta, hoy Constantina (Argelia). Y no solamente siguió ejerciendo el poder sobre estos dominios, sino que los fue ampliando en momentos sucesivos hasta su fallecimiento en el año 148 a.C.

Masinisa consiguió someter territorios cada vez más amplios, principalmente a expensas de los masesilios, llegando sus dominios con el tiempo hasta su frontera con los mauri. Pero también anexionó algunas tierras que los púnicos poseían al oeste y sur de Cartago.

En la Tercera Guerra Púnica (149-146 a.C.), de nuevo será Masinisa quien jugará un papel relevante, pues esta se inició después de que el rey númida hostigara a los púnicos y provocara ciertos enfrentamientos con ellos (a estos últimos les había sido prohibido entrar en guerra sin permiso de los romanos), por lo que Roma decidió que habría de poner en práctica aquello ya tantas veces anunciado, que *Cartago debe de ser destruida,* como así efectivamente sucedió. Masinisa no llegó a vivir el final de esta guerra, ya que falleció un año después de sus inicios, con más de noventa años. De nuevo, Roma finalizó la guerra con la victoria de su parte y Cartago dejó de existir definitivamente como potencia, aunque su cultura siguió ejerciendo influencia por un buen tiempo.

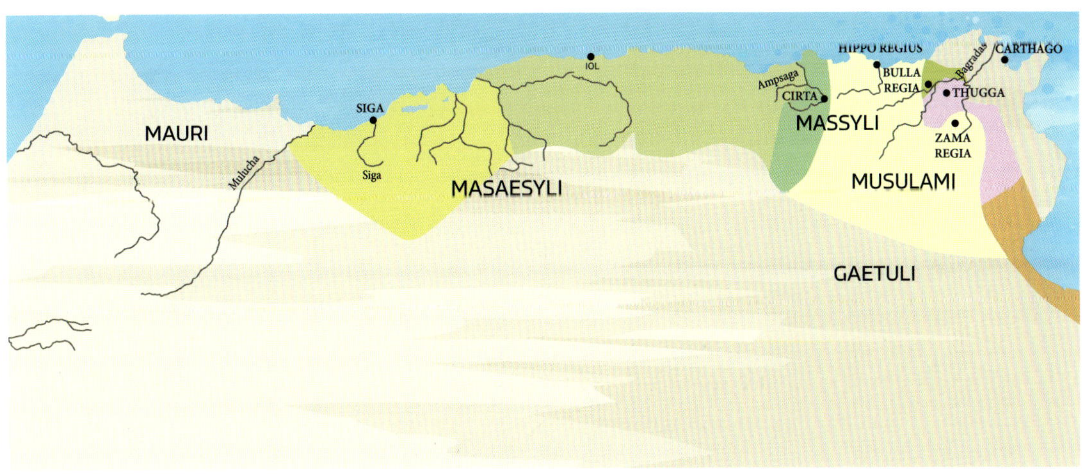

Conquistas de Masinisa. Fuente:
Die Numider. Reiter und Könige nördlich der Sahara (1979:674).

Ciertos reyes númidas son relativamente bien conocidos, y algunos episodios protagonizados por ellos marcaron la historia del norte de África (y del Imperio Romano). A Masinisa le sucedió su hijo Micipsa (148-118 a.C.), quien regentó los destinos de estos pueblos sin aparentemente grandes conflictos internos, ni tampoco con los romanos. A su muerte, el poder se dividió entre sus dos hijos, Hiempsal y Adherbal, además de su sobrino Jugurta (118-105 a.C.) quien era, al mismo tiempo, su hijo adoptivo. Pero pese a que Micipsa había dispuesto el reparto entre los tres, la paz entre ellos resultó ser de muy corta duración. Jugurta mandó asesinar primero a Hiempsal, por lo que Adherbal acabó refugiándose en la ciudad de Cirta. No obstante, Jugurta, después de haber sitiado y tomado esta ciudad, también dio muerte a su primo y hermanastro, así como a varios ciudadanos romanos allí afincados. Este hecho se convirtió en el motivo por el que Roma decidió intervenir, entrando en una guerra que se prolongó durante unos siete años, con suerte cambiante para ambos lados, hasta finalizar en el año 105 a.C. con la derrota de Jugurta. Estas luchas han sido magistralmente descritas por Salustio, en una obra que lleva consecuentemente por título *Guerra de Jugurtha.*

Otros reyes númidas continuaron rigiendo los destinos del norte de África. Hay que destacar entre ellos a Juba I, hijo de Hiempsal II, por tanto, descendiente de Masinisa. Al igual que su antepasado, fue un valioso aliado de Roma, aunque en unos momentos muy convulsos del Imperio. Luchó en defensa de Cneo Pompeyo Magno en la guerra civil romana, por lo que tuvo que compartir con él su derrota a manos de Julio César.

Como era costumbre entre los romanos, su hijo Juba II fue conducido a Roma como rehén para ser exhibido en la procesión triunfal, aunque en aquel momento solamente fuera un niño. Es lo mismo que le ocurrió algo más tarde a Cleopatra Selene, hija de Cleopatra VII y Marco Antonio, quienes habían sido derrotados por Octavio Augusto. Los dos niños fueron educados en Roma, casados y, más tarde, enviados al norte de África para dirigir allí los destinos de los pueblos númidas, siempre bajo el sometimiento a Roma.

Juba II y Cleopatra Selene establecieron su capital en Iol (Caesarea, Cherchel), a poca distancia de Tipasa. De este rey se conoce su preocupación por la cultura, el afán de conocer otros países, además de que construyera una gran biblioteca, y fuera autor de múltiples libros, que lamentablemente se perdieron en su totalidad. Gobernó desde el año 25 a.C. hasta el 23 d.C.

¿Pero cómo hay que entender este cambio de ser vencido a ser rey de Numidia? Habría que buscar la respuesta en la circunstancia de que al colocar en el trono a un rey educado en Roma, el Imperio se aseguraría un aliado. A la vez contarían con el temido ejército númida a su favor, en un territorio conflictivo por las frecuentes revueltas de otros grupos bereberes, en el que posiblemente habría que sofocar más de un levantamiento.

Se sabe que muchos pueblos autóctonos no toleraron la presencia de los romanos en sus territorios, ya que ello llevaba aparejada la pérdida de su independencia y la merma de tierras, que fueron destinadas a otros fines distintos a los que servían originariamente. Por ejemplo, la conquista romana debió de afectar principalmente a los nómadas, porque se destinaron antiguas zonas de pasto al cultivo de cereales, entre otras cosas porque Roma dependía en gran medida de su importación.

Paisaje norte de Túnez.

Se puede entender fácilmente que esta situación haya provocado algunas sublevaciones, que tuvieron lugar incluso durante el reinado de Juba II. Una de ellas fue el enfrentamiento con Tacfarinas, que fue vencido al cabo de siete años, como había sucedido antes con la sublevación de Jugurta. En el sur, en tierras de los garamantes se produjeron otras hostilidades, que fueron aplastadas por Cornelio Balbo mediante una incursión bélica en el 21-20 a.C. (Ruprechtsberger, 1997, 19).

Algunos autores (Garcia y Tejera, 2018) defienden que Canarias se pobló durante el reinado de Juba II, por deportaciones forzosas de grupos norteafricanos rebeldes que habrían sido traídos aquí por los romanos o por el propio Juba, su aliado. De hecho, nos consta que Juba II envió expediciones a distintos lugares, uno de ellos a las islas Canarias, cuyo relato recogió Plinio el Viejo. Y existe un consenso bastante amplio acerca de que la llegada de poblaciones amazigh a Canarias se produjo en torno a esas fechas -en el tránsito de la Era y también después-, según las abrumadoras pruebas de C14 (Velasco et al., 2020). Pero no hay tanto consenso sobre que la deportación sea la única explicación posible. Muchos investigadores defienden que la primera colonización del Archipiélago fue el resultado de un plan bien organizado y, aunque aceptan que los enfrentamientos pudieron ser una de las causas del traslado, no descartan tampoco la posibilidad de que los colonos vinieran voluntariamente (Navarro, 1997:465-467).

Las edificaciones de la arquitectura real númida se construyeron aproximadamente a partir del último siglo antes y hasta algunos después del cambio de la Era. Se trata de monumentos funerarios en su mayoría como ya se ha visto en las fotografías precedentes, y no constituyen un número muy elevado (Rakob 1979, Ardeleanu 2021). Estas obras ocupan además un segundo lugar al lado de los extensos campos de ruinas romanas, cuyas construcciones han sepultado además en gran parte a las existentes anteriormente. Esta circunstancia nos impide conocer los estratos inferiores de ciudades que debieron ser númidas en origen, igual que otras púnicas. Pues llegar a esos niveles de los yacimientos implicaría dañar, si no destrozar completamente, los restos romanos.

Los principales monumentos que han llegado de este modo a nosotros pertenecen a construcciones que se relacionan con el mundo de las creencias. Entre ellas figuran las que el investigador alemán F. Rakob (1979) bautizó con el nombre de *Höhenheiligtum*, que en castellano se traduciría por algo así como "santuario de montaña", quizá en el sentido de templo, por ubicarse en un lugar bien visible, en lo alto de una colina.

Uno de los que incluye Rakob en su estudio es Kbor Klib. Se encuentra en el norte de Túnez, no lejos de Zama, lugar donde los masilios alcanzaron la victoria en la Segunda Guerra Púnica. El cuerpo de la edificación en sí se ha conservado relativamente bien, de hecho, permite distinguir las tres partes que componen el edificio, ya que su forma alargada presenta dos entradas que debieron ser accesos en forma de escaleras. Por el contrario los adornos exteriores se aprecian bastante peor, en su mayor parte han desaparecido, aunque algunos se encuentran custodiados en el Museo del Bardo (Túnez). En la fotografía puede observarse un bloque en el suelo a muy poca distancia. La edificación fue datada por F. Rakob (1979) en el s. I a.C.

Kbor Klib (Túnez).

Existe otro templo númida en Chemtou, Túnez, aunque hoy día solo quedan unos restos muy deteriorados. Las ruinas de esta antigua ciudad romana (Simittu) constituyen otro ejemplo para ilustrar la superposición de asentamientos por parte de distintos pueblos, pues se reconocen las sucesivas fases constructivas que precedieron a las obras levantadas por los romanos cuando estos reedificaron la ciudad (Ardeleanu: 2021).

Sin embargo, la necrópolis númida sí que se ha conservado relativamente bien, tal vez incluso porque quedó sepultada bajo capas de tierra y bloques. Salió a la luz cuando se retiró lo que había sido el suelo del foro romano de la ciudad.

Esta ciudad ha tenido además un interés nada desdeñable durante la época de dominio de los romanos en el norte de África, ya que allí se explotaba una cantera de mármol, el mármol númida, muy apreciado. Quedan restos también de las viviendas de los canteros, así como numerosas huellas de los trabajos en la cantera, situada a un lado de esta antigua ciudad.

Chemtou (Túnez).

Otra ciudad de gran importancia es Dougga, que se encuentra geográficamente a unos cien kilómetros al este de Túnez (y de la antigua Cartago), y se hallaba por tanto dentro de los territorios que los púnicos habían ocupado. Ello explica la razón por la que dicha villa guarda también la memoria de los pueblos que habitaron allí antes.

Dicha ciudad, escrita en líbico como Tubgag, aún se puede admirar, aunque fundamentalmente los restos romanos. Se podría decir que en este lugar no falta ningún tipo de las construcciones que uno se espera encontrar cuando visita alguna urbe antigua en Italia. Pues además de las vías que comunican las distintas partes, estas vienen jalonadas por múltiples templos, algunos conservados casi en su integridad, otros reconocibles por las partes constituyentes del mismo. También están presentes las típicas construcciones dedicadas al disfrute de los habitantes, entre ellas, el magnífico teatro, uno de los mejor conservados en todo el norte de África, las termas que no podían faltar en la vida de los romanos, el foro y, naturalmente, el mercado que se encuentra situado entre el templo de Tellus y el de Mercurio. Tampoco se echan de menos los restos de lo que han sido elementos para garantizar ciertas necesidades propias de todos los ciudadanos, como es el acceso al agua, testimoniado mediante enormes depósitos, incluso se pueden divisar partes de un acueducto. Por último y presentes en gran número, están los restos de diversas casas, algunas soberbias, de dos plantas, muchas con espléndido atrio y jardín, así como con la presencia de las habitaciones que se identifican como triclinio y las destinadas al descanso. Y es que afortunadamente apenas hay que lamentar la existencia de construcciones posteriores (como sí lo hacían los romanos una y otra vez). No es de extrañar por tanto, que este yacimiento, además de ser Patrimonio de la Humanidad desde finales del siglo pasado, reciba a diario la visita de numerosísimos ciudadanos tunecinos y de turistas llegados de todas partes.

Todo ello, y me refiero al esplendor del que uno se percata actualmente, responde a construcciones que fueron levantadas mayoritariamente durante los siglos II y III d.C. Se trata por tanto de una época en la que los romanos ya estaban completamente instalados en esta parte del norte de África y en la que el poder de los púnicos había desaparecido desde varios siglos atrás.

Conviene, por tanto, revisar los momentos históricos anteriores a la época romana, aunque por razones obvias no sean tan visibles a primera vista (Ardeleanu: 2021). Pues Dougga también fue púnica (se han encontrado registros de esta época en el subsuelo), pero después de la Segunda Guerra Púnica fue el rey Masinisa quien la incorporó entre sus dominios, pasando de este modo a ejercer el control sobre dicha ciudad, al igual que lo hicieron en lo sucesivo sus descendientes, su hijo Micipsa en primer lugar.

Dougga (Túnez). Vista general a las ruinas de la antigua ciudad romana.

Los vestigios visibles de los númidas son quizá poco numerosos, o al menos no son aquellos que se aprecian a primera vista. Pero eso no significa que sean menos importantes, sino todo lo contrario. Dougga es un referente absoluto para algunas manifestaciones culturales y arquitectónicas númidas, como el mausoleo en forma de torre.

El lugar elegido para el monumento funerario de Dougga se halla un poco en las afueras de lo que fue la ciudad (quizás por ello ha sobrevivido, aunque su aspecto actual se debe a una reconstrucción), y destaca por ser bien visible desde los alrededores. Tiene forma de torre, con medias columnas jónicas adosadas y una representación de cuatro caballos tirando de un carro, labrada en la parte superior.

Sobre una de sus paredes descubrió Thomas d´Arcos en 1631 el primer texto de esta escritura líbica. Fue arrancado más tarde de su lugar por el cónsul inglés Thomas Reade, que lo envió a Londres, donde se encuentra actualmente en el

Museo Británico. F. de Saulcy (1843) le dedicó un primer estudio en el que pudo presentar una propuesta de traducción gracias a que este texto estaba acompañado por otro púnico y por lo que se supo que se trataba de una dedicatoria a Atban. Este primer texto encontrado fue bautizado como RIL 1 en la magnífica recopilación que hizo J.B. Chabot (1940-41), iniciando así la obra que incluyó más de mil inscripciones líbicas, prácticamente las conocidas en estas fechas. La mayor parte de ellas procede del norte de Túnez y noreste de Argelia, que son cuna de las inscripciones líbico-orientales. Esta ciudad de Dougga, junto a Maktar, además de los alrededores de las dos antiguas urbes, son las que han revelado mayor número de inscripciones de la escritura líbica, en concreto, de la denominada como líbico-oriental por su ubicación más hacia el este. Conforme nos desplazamos hacia el oeste, disminuye su cantidad, y a partir de Constantina aproximadamente reciben el nombre de líbico-occidentales, división que sigue aún hoy día la mayor parte de los investigadores, aunque en la actualidad se ha procedido a realizar diversas subdivisiones entre estas (Ait Ali Yahia, 2010).

Dougga. Mausoleo en el que apareció la primera inscripción líbica (Túnez).

Inscripciones
LÍBICO-BEREBERES

En la obra titulada *Recueil des Inscriptions libyques* (Chabot, 1940), aparece como RIL 2 el texto más conocido de entre todos ellos. Al igual que la dedicatoria de Atban, fue descubierto en Dougga (Túnez) en 1904 por M. Sadoux, durante unas excavaciones realizadas por el Servicio de Antigüedades (Chabot, 1940:3). Esta inscripción es hasta ahora el único texto líbico del que se ha podido obtener una datación exacta, y en ello estriba la gran importancia que hay que atribuirle.

La datación fue posible gracias a que el texto funerario fue redactado mediante dos escrituras, la púnica y la líbico-oriental, siendo la primera la que gozaba ya de mayor conocimiento en esta época. Dicha circunstancia aportó una enorme ayuda para descifrar el texto líbico, entre otras, porque abundaba la presencia de nombres propios que permitían la comprobación de los signos en las dos grafías. Dicha inscripción da cuenta del homenaje al rey Masinisa, en el décimo año después de su muerte y, por tanto, del gobierno de su hijo Micipsa, aportando de este modo la fecha del año 138 a.C. para su redacción.

Reproduzco aquí la traducción que figura en la obra de J.B. Chabot (1940:4), cuyo texto comienza como sigue:

> *Les citoyens de Dougga ont bâti ce temple au roi Massinissa, fils du roi Gaia, fils du sufete Zilalsan, en l´an 10 du (roi) Micipsa. L´année du soi Safot, fils du roi Afsan. (Étant) chef de centurie: Sanak, fils de Banai, (fils de Sanak) et Safot, fils de Ganan (Magon?), fils de Tanskwa;*
>
> *(Étant) msskwi: Magon fils de Iaristan, fils de Sadylan; et (étant) gzbi: Magon, fils de Safot, chef de centurie, fils du roi `Abdessimun.*
>
> *(Étant) gldgiml: Zumar, fils de Masnaf, fils de ´Abdesimun; (étant) préfet de cinquante hommes: Maqelo, fils du roy ´Asyan, fils du roi Magon*
>
> *Péposé à cett oeuvre: ´Asyan, fils de ´Ankikan, fils de Patas, et ´Aris, fils de Safot, fils de Sanak.*
>
> *Et les constructeurs (sont): Hanno, fils de Iatonba ´al, fils de Hanniba´al, et Niptasan, fils de Safot.*

Por razones obvias, la gran cantidad de nombres propios en líbico y púnico fueron claves para facilitar la transliteración de los caracteres. Por el contrario, los nombres comunes han resultado ser escasos y pesa sobre su comprensión el que pertenezcan a la lengua que se habló hace más de dos mil años (cuando en la península ibérica se hablaba latín, entre otros idiomas). Informan básicamente de títulos, como "gld" que significa "rey", también el equivalente de títulos militares y al hecho mismo de la construcción del mausoleo, realizada por los ciudadanos de Dougga. Si bien este texto, así como muchos otros similares descubiertos, han sido importantísimos para la traducción del líbico, no puede esperarse un conocimiento completo debido al léxico más que reducido que se encuentra en monumentos funerarios. Tampoco es posible la traducción de todos los textos líbico-bereberes sin las debidas reservas y mucho menos de aquellos que, aun perteneciendo a dicha escritura, están redactados mediante otros alfabetos, como el líbico-occidental, el líbico-meridional y la modalidad del sahariano antiguo.

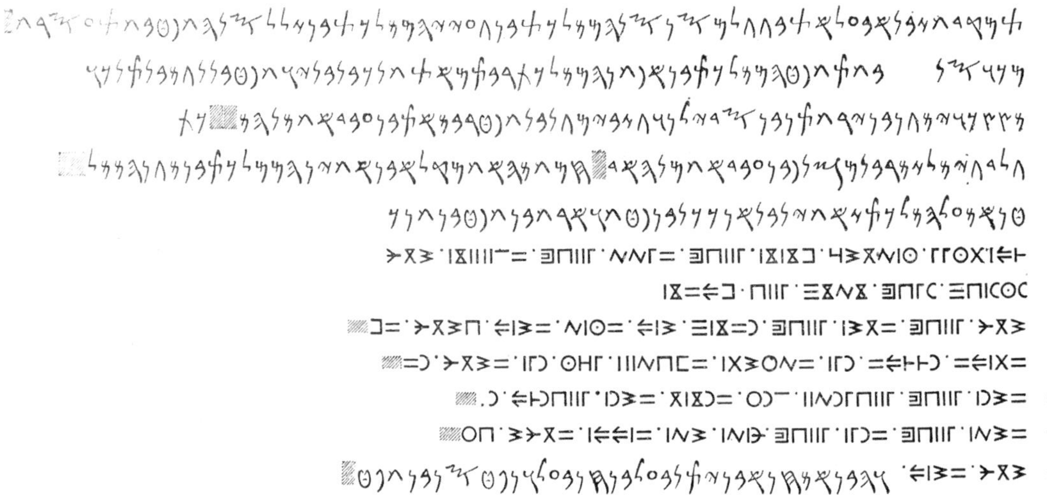

RIL 2: Dedicatoria a Masinisa, extraída de la recolección de inscripciones líbicas de J.B. Chabot (1940-1941).

Si bien es cierto que el texto de esta inscripción aporta una fecha exacta, no hay que confundir a esta con el origen de la escritura. Antes de este uso urbano, bien consolidado, existió un periodo formativo. Sin poder precisar cómo serían estos inicios, existen varias inscripciones que muestran indicios de ser anteriores, pero todas ellas se corresponden con dataciones relativas, lo que significa que se asigna la inscripción a un elemento al que supuestamente está adscrito. Una de dichas dataciones se obtuvo a partir de unos huesos contenidos en una vasija de cerámica con caracteres líbicos hallada en Tiddis, Argelia, cuyo análisis mediante el C14 aportó la fecha del 250 a.C. (Camps, 1995:202).

Aunque las inscripciones líbicas monumentales fueron las que aportaron un gran caudal de informaciones para su investigación, sobre todo en sus inicios, estas constituyen sin embargo el grupo numéricamente menor en comparación con las que se han grabado en estelas funerarias. La fotografía que muestra un grupo de estas en su lugar de origen, ha sido extraída igualmente de la obra de Chabot (1940-1941).

Aunque no se aprecia en la fotografía, algunas estelas aportan un texto escrito mediante dos grafías, tratándose mayoritariamente de líbico y púnico, como ya se había visto en la inscripción denominada RIL 2, pero también existen otras redactadas en líbico y latín.

En cuanto a los signos alfabéticos utilizados en los textos líbicos, se registran pequeñas diferencias entre los que aparecen en estas estelas y los textos monumentales. No son significativos estos cambios, pero sí advierten de la constante evolución de esta grafía, en la que los distintos estados de la escritura permiten hacer un seguimiento a través de los caracteres empleados. Según su empleo en diversos momentos cronológicos y en diferentes lugares geográficos, los alfabetos difieren de tal modo, que solamente un grupo de seis a ocho signos tiene la misma forma y el mismo significado, como es el caso comparativamente entre las inscripciones líbico-orientales y las *tifinagh*. Hay que señalar también que en las estelas predominan las líneas verticales, a diferencia de las monumentales, en las que suelen ser horizontales. Esta diversidad en la dirección de las líneas se apreciará en prácticamente todas las inscripciones líbico-bereberes, incluidas las rupestres.

También se da una curiosa circunstancia, y es que las estelas halladas en el noroeste (norte de Marruecos, noroeste de Argelia) son mucho menos numerosas que las del norte de Túnez, dándose la paradoja de que los lugares en los que la lengua hablada en la actualidad en territorio más occidental no se corresponde en absoluto con la abundancia de estelas líbicas encontradas.

Las inscripciones líbicas han sido divididas en líbico-orientales y líbico-occidentales de acuerdo con los alfabetos utilizados, ocupando estas últimas el territorio a partir de aproximadamente Constantina (Argelia). La terminología evoca así una separación por su ubicación geográfica, lo que es cierto en gran parte, pero conviene matizar al respecto que el empleo de los signos no se corresponde con exactitud según su lugar de procedencia, lo que ya viene señalándose desde hace mucho tiempo (L. Galand, 1966, 1989, Ait Ali Yahia, 2012, I. Mora 2021). Lo que determina la presencia de ciertos grupos alfabéticos es su evolución, que puede coincidir o no con el área territorial de su empleo, presentando siempre las irregularidades que se vienen señalando.

Estelas con inscripciones. Imagen extraída de la recolección de inscripciones líbicas de J.B. Chabot (1940-1941).

En el espacio geográfico en el que predominan las inscripciones líbicas en estelas hay también excepciones en relación con los soportes utilizados. Si por lo general las inscripciones líbicas se vinculan al mundo funerario, en la Cabilia –por tanto zona de líbico-occidental– abundan líneas alfabéticas realizadas mediante pintura roja (también negra) en abrigos o cuevas. El mayor yacimiento con estas características se encuentra en las inmediaciones del pequeño pueblo de Ifigha: se trata de un abrigo rocoso en el que la práctica totalidad de la pared del fondo está cubierta con signos de esta escritura. Pero dicho abrigo está lejos de ser el único con inscripciones rupestres, como se puede deducir a partir de la recopilación de Poyto y Musso (1969), pues han ido sumándose otro nutrido grupo de textos (comunicación verbal de Yahia Ait Ali) que serán publicados próximamente. No obstante, las demás inscripciones halladas constan de un tamaño muy corto, con excepción de Ifrane y Azrou Bou Aïrad, cuya media puede cifrarse de una a cuatro líneas.

Ifigha, Cabilia (Argelia).

Lo que interesa constatar es que en estos textos aparecen algunos signos diferentes no constatados entre las inscripciones líbicas funerarias. Se puede ver en la fotografía un signo en base a cuatro líneas paralelas verticales, rematado en su parte inferior por una horizontal. Otros signos llaman aún más la atención, uno de ellos consta de un círculo subdividido en cuatro partes mediante una cruz, y otro con dos líneas paralelas en su interior. Y digo que llama la atención, porque estos signos señalados son raramente empleados en otros lugares (en todo caso pueden aparecer entre las ligaduras del *tifinagh*), al menos no es lo común entre las inscripciones líbicas, pero sí han sido utilizados también en las islas Canarias, de nuevo, de forma absolutamente excepcional.

Las imágenes no escriturarias que acompañan a estos textos son mayoritariamente motivos geométricos simples, también alguna forma consistente en círculos encajados, numerosos antropomorfos, pintados mediante simples trazos rectos, además de algunos cuadrúpedos, para los cuales es difícil saber de qué animal en concreto se trata, debido a la acusada esquematización que presentan.

Si bien las pinturas rupestres de la Cabilia indican que existen más soportes que el comúnmente señalado para dicha zona, es posible que en el pasado se usaran además otros más endebles y por tanto perecederos, por lo que no han podido sobrevivir al paso del tiempo.

En el yacimiento de Azib-n-Ikkis (Alto Atlas, Marruecos) aparece entre sus grabados una inscripción que ha sido objeto de acalorados debates en la historia de la investigación del líbico-bereber, fundamentalmente por la gran antigüedad atribuida en su datación, que especulaba con fechas anteriores al siglo VI a.C. Esta resultaría hoy día del todo inadmisible, pero en los estudios de mediados del s. XX se llegó a admitir una supuesta adscripción de los signos alfabéticos a otras representaciones del arte rupestre, en este caso, a unas armas que pertenecerían a la cultura de El Argar. De este modo, la inscripción de la fotografía fue para algunos investigadores el texto que revelaba los orígenes de esta grafía, realizada según ellos en la primera mitad del último milenio a.C.

La inscripción en cuestión fue publicada por J. Malhomme (1959); se trataba de unas líneas en el interior de un antropomorfo rodeado de armas (reproducido en la parte inferior de la fotografía de la derecha), por lo que no vio ningún inconveniente para deducir que ambos grabados estarían asociados. G. Camps (1995:202) la creyó igualmente muy antigua, de más antigüedad incluso que la inscripción procedente de Rachgoun:

> *qui date du VI siècle av. J.-C., et une inscription pariétale du Yagour (Haut Atlas marocain) pourrait être plus ancienne encore.*
>
> [*que data del siglo VI a.C., y una inscripción rupestre del Yagour (Alto Atlas marroquí) podría ser todavía más antigua.*]

Azib-n-Ikkis, Alto Atlas (Marruecos). La fotografía de la derecha se corresponde con un aumento de la parte superior del panel de la izquierda. Se aprecia claramente que la inscripción fue realizada encima de los trazos de las armas hechas anteriormente.

Expresado de este modo, invita a pensar que la línea escrituraria bien podría tener una edad que va más allá de los dos mil quinientos años. Influenciados por la opinión de estos respetados investigadores de mediados del siglo pasado, otros autores la han asumido sin revisar estas suposiciones para pronunciarse de forma similar sobre los orígenes de esta grafía, entre ellos Hachid (2000), Skounti y Lemjidi (2022), también Pichler (2007) y Farrujia *et alii* (2009).

Respecto a los argumentos que aportan los defensores de la extrema antigüedad hay que recordar que las asociaciones entre diferentes grabados siempre son problemáticas, porque en gran parte de los paneles, los autores de los mismos han ido añadiendo nuevos motivos con el paso del tiempo, y uno encima de otro, por lo que las manifestaciones pueden tener distancias temporales de gran importancia (como se ha visto en algunas fotografías de grabados). Por tanto, para reconocer una asociación entre estas, debe de tenerse en cuenta una serie de elementos, entre ellos y de gran importancia, que debería haberse empleado la misma técnica. Es justamente lo que no puede demostrarse: el antropomorfo fue realizado mediante una incisión profunda con abrasión posterior, mientras que para la inscripción en el interior se observa un picado como base. Si esto ya es llamativo en el caso del hombre de Azib n´Ikkis, más evidente lo es para el otro antropomorfo que se encuentra a escaso metro y medio de este (fotografía de la derecha) y en el que se aprecia con toda nitidez la presencia de distintas técnicas empleadas, pero también algunas superposiciones que revelan un antes y un después. De hecho, una técnica distinta debe ponernos en guardia ya que, como tantas veces ocurre, pueden deber su factura a dos momentos distintos, como lo es en este caso. Quizás la circunstancia de que esta inscripción se vea solo débilmente, pudo haber sido la causa para que haya pasado desapercibida a diferentes investigadores, pues no la incluían en sus publicaciones ni Malhomme, ni tampoco Camps; aparentemente no se habían percatado de su existencia.

El investigador marroquí El Khayari (2009) aportó además otra observación muy interesante para la inscripción del hombre de Azib-n-Ikkis, y es que el bloque debió fracturarse, no sabemos en qué momento, pero probablemente en fechas posteriores a la realización del primer grabado y antes de hacerse la inscripción. Pues mientras que los signos escriturarios fueron adaptados cambiando ligeramente su orientación en consonancia con la grieta, y con el fin de no cruzar a ningún signo sobre esta, para el grabado original no se observa que tuvieran en cuenta dicha rotura; al parecer, aún no se había producido.

Hay más inscripciones en el Alto Atlas. En Oukaïmeden ocurre algo similar, pues los caracteres gráficos también han sido realizados encima de otro grabado, en este caso, encima de un elefante. Es ahí donde hay que recordar que se debe elaborar un estudio epigráfico en razón a la evolución de los alfabetos y no en relación con otros elementos ajenos a ellos. Obviamente, el lugar de su procedencia y su contexto aportan valiosísimos datos, pero el estudio de los signos debe de ser absolutamente prioritario. De hecho, tampoco se realiza un estudio comparativo entre diversas lenguas con elementos ajenos a estas, sino siempre exclusivamente en base a datos lingüísticos concretos.

Por último, otro problema de gran peso es que existen muy pocas inscripciones en el Alto Atlas, insuficientes hasta ahora para llevar a cabo una reconstrucción completa del alfabeto utilizado. Un signo que Malhomme (1959:11) recopiló en Azib–n-Ikkis como dos puntos, en una publicación posterior y junto con L. Galand (Malhomme, Galand, 1960:419), figura como dos barras paralelas, lo que confunde aún más este grave desconocimiento que se tiene, ya que es imposible su comprobación actual debido a que ha sufrido graves daños por parte de un inaprensivo que destruyó este panel. Afortunadamente, existen nuevos hallazgos en esta cadena montañosa, como en Tizi n´Tirghist (Skounti, Lemjidi, 2022:122). Esperemos que poco a poco se pueda reconstruir el alfabeto, al menos, de forma aproximada. De momento, hay que concluir que no existe ninguna prueba para atribuir a esta zona el origen de la escritura líbico-bereber y, menos aún, para atribuir desde allí la procedencia de las primeras inscripciones canarias, como insistentemente nos han deseado convencer W. Pichler (2007) y otros autores (Farrujia *et alii,* 2009).

Desde el Alto Atlas aproximadamente (donde se ubica el yacimiento de Azib-n-Ikkis, Marruecos) y a lo largo de una ancha franja que engloba el Tafilalt, Atlas sahariano (Argelia), también el sur de Marruecos y, sobre todo, en el Sáhara central, las manifestaciones escriturarias son rupestres y no se relacionan con el mundo funerario, salvo escasísimas excepciones.

En su gran mayoría, las líneas líbico-bereberes han sido grabadas o pintadas sobre bloques o paredes rocosas, en las que generalmente comparten el panel con otras manifestaciones rupestres no escriturarias. Estas pertenecen cronológicamente a los periodos más recientes del arte rupestre, el del caballo y el del camello. Hay que estudiar en cada caso y por separado si la escritura y los grafismos figurativos o geométricos que la acompañan son contemporáneos entre sí o no, es decir, si fueron realizados por la misma mano o cultura y en el mismo momento. Son cuantiosos los paneles en los que han intervenido distintas manos y en diferentes fechas, hasta llegar al resultado que se aprecia actualmente.

Obvia decir que existe un conocimiento mucho menor de las inscripciones rupestres, comparativamente con las líbicas. Por un lado, las recopilaciones de textos alfabéticos en esta zona tan enorme han sido bastante exiguas, por lo que más que investigaciones sistemáticas, de lo que se dispone son estudios puntuales en alguna zona o yacimiento, y ni siquiera estos alcanzan un número muy elevado. Hay que tener en cuenta que no resulta lícito sumar sin más análisis a los signos que proceden de una región en concreto, aunque los primeros pasos en la investigación fueron necesariamente de este modo. Pero los textos han sido redactados por sociedades que, si bien fueron berberófonas, ellas pueden tener diversas procedencias, como no cabe esperar de otro modo en lugares de nomadismo y de rutas caravaneras. Resulta por tanto indispensable analizar si dichas inscripciones han sido realizadas con el mismo corpus de signos alfabéticos, y habrá que estudiar cuáles son las diferencias que existen entre ellos.

En una investigación sobre los distintos grupos alfabéticos, Lionel Galand (1975) propuso la existencia de un grupo al margen del líbico y del sahariano, no perteneciendo por tanto a ninguno de estos dos. Definió entre sus características que tampoco se trataba de un grupo homogéneo, pero que sí se distinguía de los demás. Lo que era de gran interés fue que incluyera en este grupo a los textos canarios. Casi medio siglo más tarde, la investigadora canaria Irma Mora Aguiar (2022) logró aislar la presencia de dos alfabetos, el líbico-meridional y el de transición, que se suceden en este orden cronológico y que están presentes prácticamente en las mismas zonas o en zonas relativamente próximas. Se trata de este modo de un gran avance para el conocimiento del líbico-bereber, fundamentalmente para el de los textos canarios, que se hallan dentro del primer grupo, el líbico-meridional, pero también para gran cantidad de inscripciones rupestres de Marruecos y de Argelia.

Los yacimientos con textos líbico-meridionales se materializan en diversos yacimientos, de los que quiero incluir a tres en la presente publicación: Ksar Barebi (Taghit, Argelia), Djorf Torba (Kenadsa, Argelia) y Djebel Aoufilal (Taouz, Marruecos). Geográficamente, estos yacimientos se encuentran relativamente próximos, formando un triángulo, cuyos vértices distan entre sí de 100 a 150 km, siendo el de Djorf Torba el situado más al norte y Taouz el más occidental.

Los dos primeros aportan en torno a una veintena de signos, en Ksar Barebi se documenta casi el medio centenar. Ello significa tener un punto de partida aceptable para analizar los caracteres utilizados, pues el número de signos recopilados permite una valoración del alfabeto. A grandes rasgos, comparten la mayor parte de los signos del líbico-oriental, pero con la introducción de otros caracteres, que después cobrarán importancia en regiones situadas más al sur. De especial interés es la ⵌ entre los caracteres de Ksar Barebi, como la Λ| en Djorf Torba, y de nuevo ⵌ en Djebel Aoufilal, Taouz. Pero al igual que la presencia, resulta de gran importancia la ausencia de otros signos en estos yacimientos. De hecho, cuando aparecen nuevos caracteres, conviene estudiar cuáles han sido sustituidos y el por qué. Esta pregunta va a ser la que permite llegar a determinadas conclusiones. Pues por una parte, en los yacimientos mencionados no se ha registrado ningún carácter de la serie de signos puntiformes, tan abundantes y con hasta 5-6 representantes distintos en diversos alfabetos, mientras que se constata la presencia de los signos compuestos por barras paralelas, como lo son no solamente ǁ y =, en los dos sentidos y que en líbico se escriben para la /u/ y la /l/ (en las verticales), mientras que en el alfabeto *tifinagh* el primero de ellos ha sido sustituido por dos puntos.

En cuanto a su contexto, los grabados o pinturas no escriturarias sobre los paneles muestran una variedad iconográfica nada desdeñable. En Djorf Torba los textos se insertan entre representaciones de personas y unos orix (G. Camps: 1995); Ksar Barebi es un yacimiento muy complejo, con algunas figuraciones antiguas, pero en el que predominan motivos de caballos y camellos montados por jinetes armados. Finalmente, en Taouz de nuevo se constatará la presencia de diversas intervenciones y técnicas sobre los paneles, mientras que junto a la escritura predominan incisiones rectilíneas.

Ksar Barebi (Argelia).

En el este de Marruecos, a escasa distancia de la frontera con Argelia, y en línea recta a unos 100 km aproximados de Kenadsa (Djorf Torba), se sitúa el Djebel Ouaoufilal (Taouz). En esta montaña hay una estación de grabados rupestres con representaciones de variada temática, pertenecientes a diversos momentos. Ello se deduce no solamente a partir de los motivos representados, sino también por el empleo de diferentes técnicas para su ejecución.

Ouaoufilal, Taouz (Marruecos).

El picado se ha utilizado para grabar a diversos bóvidos, algunos montados por un jinete que fue trazado mediante una simple cruz sobre la cresta. También están presentes numerosos carros esquemáticos, así como otras figuraciones, al igual que formas geométricas simples, mayormente circulares. Entre estos motivos aparecen unas líneas alfabéticas, de pequeño número y tipología excepcional, cuyos caracteres no siempre se identifican, debido a que forman composiciones que no se conocen en otros lugares, lo que ya señalaron hace bastante tiempo Skounti *et alii* (2003:215):

> *cette inscription est quelque peu différente du reste des inscriptions et ce corpus: beaucoup des caractères sont difficilement reconnaissables, les lignes comptent des signes épars ça et la.*
>
> [*Esta inscripción es algo diferente del resto de las inscripciones y de este corpus: muchos de los caracteres son difíciles de reconocer, las líneas tienen letras dispersas aquí y allá.*]

Por otra parte, la incisión fue empleada para trazar abundantísimos motivos geométricos rectilíneos, entre los que destacan líneas paralelas, rombos, rectángulos con subdivisiones interiores, etc. Mediante esta técnica fue realizada la mayor parte de las líneas escriturarias líbico-bereberes, entre las que sí resulta en cambio relativamente fácil reconocer de qué signos se trata en cada una de ellas.

Ambos tipos de inscripciones acusan la falta de signos puntiformes y, por el contrario, están presentes ciertos caracteres pertenecientes a la modalidad del líbico-meridional. Hay superposiciones entre los distintos motivos: se ha podido documentar con toda claridad varios caracteres alfabéticos incisos superpuestos a alguna rueda de carro esquemática realizada mediante el picado. Ello demuestra que fueron realizados después del carro, aunque se ignora cuánto tiempo pudo mediar entre la ejecución de los dos tipos de grabados.

Después de describir diferentes aspectos de la escritura líbico-bereber, sobre todo los más significativos para la comprensión de ciertas características de esta grafía, conviene recordar que llegó a las islas Canarias como bagaje cultural de los pueblos que se asentaron en el archipiélago. Constituye de este modo una prueba más del origen bereber de los habitantes, quizás una de las más sólidas, junto a la lengua que hablaban.

El primer hallazgo de una inscripción alfabética en Canarias lo debemos a Aquilino Padrón a finales del s. XIX en El Julan, El Hierro (Padrón: 1874), lo que hoy se conoce como la estación de Los Letreros. Se trataba de un panel en el que se distinguían netamente dos líneas de caracteres alfabéticos (en concreto, este de la presente fotografía), entre otros motivos geométricos grabados en la misma superficie. Aparentemente, los autores de este texto quisieron resaltar bien los signos, a fin de que fueran claramente visibles a aquellos a los que estaba destinado. Esa característica, la de signos del mismo tamaño que se suceden ordenadamente y con casi idénticos espacios entre sí, formando líneas, sugirió de inmediato que se trataba de una escritura: solo quedaba por investigar de cuál se trababa.

Para obtener su identificación se envió una copia del panel al entonces cónsul francés y también estudioso del pasado isleño Sabino Berthelot, quien a su vez la remitió a un investigador afincado en el norte de África, al General Louis Léon César Faidherbe (1876), y quien de forma inmediata aseguró que se trataba de caracteres líbicos.

Pero la investigación estaba en sus inicios, y Faidherbe en ocasiones creía ver también parecidos con las inscripciones halladas por Reygasse (1932) en el Sáhara. De hecho, al comienzo de la investigación de la grafía de Canarias, esta fue incluida en ocasiones entre las inscripciones líbicas, otras veces en la sahariana, siendo el profesor tinerfeño Juan Álvarez Delgado (1964) el principal defensor de adscribirla al sahariano antiguo. Hay que ver en dicha suposición la gran influencia que ejercieron en él los trabajos de George Marcy (1936), quien había propuesto una clasificación de la escritura de modo bastante diferente a las que defendían de forma mayoritaria los investigadores de su época.

Los Letreros, El Julan (El Hierro).

Actualmente, de unos pocos paneles conocidos a finales del s. XIX, el número de inscripciones líbico-bereberes en las Islas ha aumentado enormemente: existen en torno a unos ochenta yacimientos conocidos. Como rasgo principal, se observa que están ausentes los signos puntiformes, lo que se hace extensivo (con una sola excepción) a la generalidad del archipiélago. Ello es asimismo indicativo de su época de llegada, que tuvo que ser antes de que se impusiera en el continente africano el alfabeto de transición y los caracteres *tifinagh*. Debido a la composición del alfabeto y al conocimiento de la evolución de esta escritura en el continente africano, habría que situar los momentos iniciales de su uso en Canarias en fechas algo más tardías de lo que se pensaba inicialmente, posiblemente en torno a los siglos II a III d.C. (I. Mora: 2021).

Las inscripciones alfabéticas del archipiélago han sido realizadas mediante dos técnicas diferentes, al igual que los restantes grabados: el picado y la incisión. En ello coincide con las inscripciones del norte de África y Sáhara, donde habría que sumar además a las pinturas, como se ha visto en la Cabilia y que son especialmente numerosas en el Sáhara central (en Canarias solo existe un pequeño grupo de pinturas entre las que hasta ahora no figura ninguna inscripción alfabética). Por lo demás, el empleo de una u otra técnica muestra un predominio según las islas, siendo mayoritarios los textos realizados mediante el picado en El Hierro, Gran Canaria, La Gomera y La Palma, mientras que la incisión es la más usada en Fuerteventura, Lanzarote y Tenerife.

Con los casi 80 yacimientos conocidos actualmente se dispone de un corpus amplio de signos, que puede servir como base para el estudio del alfabeto, para el conocimiento que se debe tener de este. También permite examinar la frecuencia y combinación de los distintos caracteres, a fin de investigar el sistema fonológico cuyos sonidos representan, pero también su morfología (combinación de signos con los que se representan los accidentes gramaticales) y, con mucha mayor dificultad, el significado de las palabras. Entre los caracteres que tienen un empleo muy recurrente, destacan lógicamente los que se usan para distintos morfemas, como los empleados para determinar el género, número, etc., algo parecido a lo que ocurre en castellano con los grafemas para la /o/, /a/ y la /s/, presentes con mucha mayor frecuencia que una /x/, por mencionar un simple ejemplo.

Pese a las distintas técnicas empleadas, hoy se sabe que el alfabeto en el archipiélago es relativamente homogéneo, aunque en un principio se pensaba en la posibilidad del uso de varios de ellos. En un primer estudio comparativo entre los caracteres empleados en El Hierro y Lanzarote (Springer, 2015-2016), se pudo demostrar una gran coincidencia entre los signos utilizados, lo cual de nuevo se constató para el uso de caracteres en Lanzarote y Fuerteventura. Ello no excluye que al mismo tiempo existan algunos caracteres excepcionales y, por ello, adscritos solo a una isla de ellas, o incluso a un solo yacimiento (Springer, 2021).

Cueva Palomas, Femés (Lanzarote).

La Gomera era la única isla en la que no se había descubierto ningún testimonio de la escritura líbico-bereber hasta hace muy poco tiempo. Este hecho cambió de golpe cuando se halló la primera inscripción, que resultó además ser el texto más grande de todo el Archipiélago (Navarro, Springer y Hernández,

2006). Se encontró en la pared del fondo de una cueva y fue posible identificar allí unas 100 formas alfabéticas, sucediéndose en líneas horizontales y verticales. Este yacimiento no ha resultado ser el único en dicha isla, ya que actualmente su número asciende a tres con líneas escriturarias (información personal: Juan Carlos Hernández Marrero). Dato curioso es que, en La Gomera, los grabados no alfabéticos son predominantemente incisos, las inscripciones alfabéticas se corresponden sin embargo con el picado (aunque en algunos se usó el picado y la abrasión); ninguno de los tres paneles conocidos con inscripciones tienen grabados geométricos asociados, es decir, las líneas escriturarias constituyen la única representación.

Yacimientos con textos de gran tamaño son más bien excepcionales en el Archipiélago (también en África) y pueden resumirse en unos pocos: el de La Candia (El Hierro), Las Toscas del Guirre (La Gomera), el de Cueva Palomas en Femés (Lanzarote) y Hoya de Toledo (Gran Canaria). En otros yacimientos, en vez de un panel con una inscripción de múltiples líneas y gran número de signos, se acumulan varios paneles con una, dos, hasta cuatro líneas. El Barranco de Balos (Gran Canaria) y El Julan, así como los Barrancos de Tejeleita y El Barranco de El Cuervo (El Hierro) son buenos ejemplos de estos últimos.

Toscas del Guirre (La Gomera). Fotomontaje realizado por J. Quintana.

Las formas geométricas pueden confundirse muy fácilmente con signos escriturarios sobre todo en aquellos paneles en los que aparecen conjuntamente. Ello se debe a que la característica principal de los signos líbico-bereberes es su trazado eminentemente geométrico, como son los círculos, círculos divididos en dos o cuatro, líneas rectas horizontales o verticales, y combinaciones de estas. Muchos grabados geométricos simples, que no constituyen signos alfabéticos, pueden tener similares morfologías porque el espectro de motivos geométricos elementales es muy limitado. Es por ello que identificamos como escritura una sucesión de formas cuando se puede detectar la voluntad que ha tenido su autor en dejar un mensaje, cuando se reconocen signos inconfundiblemente líbico-bereberes, y se presentan combinaciones fehacientes y -muy importante- las formas alfabéticas se suceden en líneas.

Los Letreros, El Julan (El Hierro).

He añadido otra fotografía de El Julan en la que se presenta lo que acabo de exponer. Se trata de un panel con varias formas geométricas, entre las que existen pequeñas líneas escriturarias. La confusión se puede producir cuando no se es experto en esta escritura, por la similitud que existe entre signos escriturarios y motivos geométricos. De hecho, no son infrecuentes los casos en los que los signos recopilados por diversas personas en un mismo panel no coinciden entre sí en sus respectivas publicaciones. No obstante, un problema aún mayor con el que se enfrenta todo investigador de este tema es el de la mala conservación que acusan algunas inscripciones y que lleva por consecuencia el que apenas se distingan los surcos en la roca.

A pesar de que el corpus de signos canarios no revela la existencia de dos alfabetos líbico-bereberes diferentes, esta improbable posibilidad sí ha sido defendida en tiempos recientes por Pichler y Farrujia (Pichler, 2007; Farrujia et al., 2009), separando los textos canarios en dos grupos en base a unas supuestas diferencias cronológicas en su ejecución. Ya que esa hipótesis ha sido repetida varias veces como tesis cierta, creo que es mi obligación pronunciarme respecto a ella.

Los autores mencionados han publicado en repetidos artículos y en un libro (conjuntamente y por separado) su suposición acerca de la existencia de dos alfabetos en el Archipiélago, que han denominado "arcaico" y "clásico". Estas dos modalidades se sucederían cronológicamente, proponiendo Pichler (2007) nada menos que las fechas de 600-500 a.C. para el empleo del primero, que este autor supone procedente del Alto Atlas, y aduciendo que esas fechas concuerdan con resultados de investigaciones en diferentes áreas de la arqueología canaria (Pichler, 2007:57). Lamentablemente no aclara en qué publicaciones se basa para esta última afirmación, cuando lo cierto es que las investigaciones arqueológicas y las múltiples dataciones actualizadas de que disponemos hoy en día, dan fechas muchísimo más tardías para el poblamiento de las islas Canarias (Tejera, García 2018; Velasco *et alii*, 2020; Alberto *et alii*, 2021).

Lo que, sin embargo, resulta más grave es que los signos que atribuye Werner Pichler (2007:60 y 73) a cada uno de estos alfabetos y su distribución por islas no coinciden con los que realmente existen en los paneles de los diferentes yacimientos. Según las tablas alfabéticas y teniendo en cuenta algunos alógrafos (variantes formales de signos), además de otra forma de escasísima presencia (IIII), la verdad es que solo dos signos podrían marcar la diferencia entre ambas

Barranco del Mojón (Lanzarote).

modalidades, un número a todas luces demasiado reducido para su hipótesis. Según el investigador austríaco, el signo ⊕ no habría sido empleado en el alfabeto arcaico (El Hierro, Gran Canaria), mientras que ⊥ faltaría completamente en el alfabeto clásico de Fuerteventura y Lanzarote. Realmente resulta imposible entender estos supuestos cuando él mismo había publicado anteriormente una recopilación de signos (www.lbi-project.org) en los que sí aporta la presencia de ⊕ hecho mediante el picado en El Hierro (La Caleta) y ⊥ (Bco. del Mojón) en Lanzarote.

En Canarias solo hay una excepción en relación con el alfabeto empleado, que ha sido hallado en Peña del Cuenquito (Lanzarote). Esta inscripción fue redactada mediante el alfabeto de transición (I. Mora, 2021y 2022), y se reconoce como tal debido no solamente a los signos utilizados, en concreto, por un signo consistente en tres puntos seguidos, sino también por la combinación que presentan estos caracteres.

Foum Chenna es el yacimiento marroquí en el que se ha encontrado el mayor número de inscripciones líbico-bereberes de todo el país, publicadas en múltiples ocasiones (Pichler, 2000, Skounti *et al.*, 2003), además de ser objeto de investigación de una tesis doctoral, realizada por parte de Alessandra Bravin (2014). Constituye por esta razón un lugar que ha permitido conocer los signos empleados, con la salvedad que debemos tener siempre presente, la de que puedan existir manifestaciones de diferentes momentos en el mismo sitio. De hecho, los paneles se encuentran en los bordes de un barranco que debió ser idóneo para el tránsito de personas y animales, abasteciéndose para ello con el agua que se acumula en los charcos o en el subsuelo de este. El contenido de la mayor parte de los paneles refleja justamente jinetes montados a caballo o camello, muchos de ellos armados, y que se desplazan hacia una dirección u otra. Los autores de los grabados han representado también algunas posibles escenas de pastoreo y, entre otros motivos diferentes, no falta la presencia de animales salvajes como el orix, león, avestruz, etc. Por último, aunque más bien excepcionalmente, aparecen unos motivos geométricos.

Las inscripciones documentadas pertenecen al alfabeto denominado "de transición". En cuanto a los signos, están presentes los propios de esta modalidad, los compuestos por barras paralelas, así como los puntiformes, pero además otro de uso poco habitual, como ocurre con el grafema en forma de serpiente, ꟽ (Skounti, *et al.*, 2003).

A este alfabeto pertenecen los signos de El Cuenquito en Lanzarote, texto que constituye una excepción si se comparan dichos signos con el resto de los documentados en el Archipiélago.

Foum Chenna, Tinezouline (Marruecos).

No hay que confundir los dos alfabetos, el líbico-meridional y el de transición, ya que las diferencias son importantes. Aunque la separación entre estas dos modalidades se haya logrado hace muy poco con el establecimiento del líbico-meridional (Mora, 2021), desde hace tiempo se viene avisando de diferencias existentes entre los alfabetos empleados en esta zona al sur del limes y a su vez fuera del Sáhara central (Galand:1975). Por nombrar otro ejemplo, ya habíamos advertido en relación con los signos empleados en el yacimiento de

Rocher de Pigeons y los de Ksar Barebi, que este último "muestra tener sensibles diferencias" respecto al primero (Springer, 1998:90). No se entiende, por tanto, que una publicación reciente sobre diversos grupos de alfabetos del norte de África (Perera y Belmonte 2021:169) haya incluido de repente estas inscripciones en un solo grupo, denominado por sus autores como "Sahariano del Atlas Sahariano argelino". Generalizan "la presencia de algunos puntiformes" en los dos yacimientos, cuando solo están en uno de ellos (Rocher des Pigeons), y no contabilizan el signo ⵌ que aparece nada menos que cinco veces en Ksar Barebi. Tampoco indican qué fuentes usaron para llegar a estas conclusiones, pues aparentemente no consultaron las publicaciones que dieron a conocer estas estaciones y en las que se analizaron los caracteres presentes (Springer, 1998 y 2002).

El Sáhara central es el único lugar en el que se ha mantenido vigente hasta hoy día esta escritura y buena parte de la población tuareg la sigue usando. Para los investigadores representa una suerte sin igual, pues pueden estudiar esta modalidad en compañía de informantes que aún son capaces de expresarse mediante los caracteres que denominan *tifinagh*, término usado exclusivamente para las modalidades de uso actual.

Desde los inicios de la investigación sobre la escritura del Sáhara central se han descrito dos alfabetos, o más bien dos grupos de alfabetos, separados cronológicamente en una modalidad antigua y otra de uso actual que se ha trasmitido de generación en generación hasta llegar a nuestros días. La supuesta fecha de su uso ha condicionado los nombres con los que se les conocen: sahariano antiguo y reciente, también tuareg antiguo y *tifinagh*. Suelen ser los propios tuaregs los que indican en múltiples ocasiones que no comprenden el contenido de algunos textos rupestres, y a veces puntualizan que estos son antiguos, escritos por sus antepasados. Sin embargo, hasta ahora no ha podido ser datado el momento en el que una modalidad evolucionó para dar lugar a otra. Es probable incluso que nunca pueda hacerse, ya que los cambios no se habrían producido en una fecha concreta, sino con varios estadios intermedios, así como en distintas épocas en lugares diferentes hasta concluir al final en diversos alfabetos *tifinagh* (Aghali-Zakara y Drouin, 2007).

Sobre el sahariano antiguo han escrito diferentes autores, entre los que hay que mencionar a Foucauld (1920), Marcy (1936), Basset (1959), Álvarez (1964) y Prasse (1972). Los signos reseñados por unos y otros para este alfabeto no son exactamente iguales, pero hay un grupo de caracteres para los que sí parecen

TRANSCRIPTION	CARACTÈRES ARABES	CARACTÈRES touaregs actuels	CARACTÈRES TOUAREGS ANCIENS	CARACTÈRES touaregs pour transcription de textes arabes
A. E. I. OU. O	ا	·	|	·
B	ب	[illegible]	⊙ ⊡	[illegible]
CH	ش	[illegible]	les 2 signes juxtaposés forment un seul caractère WM	[illegible]
Ç	ص		○ ○	
D	د	Λ Π V ⊔	les 2 signes juxtaposés forment un seul caractère ⊏⊐	Λ Π V ⊔
Ḍ	ض	Ǝ		Ǝ
Ḏ	ذ		H	[illegible]
F	ف	[illegible]	les 2 premiers signes juxtaposés forment un seul caractère ; les 3 signes juxtaposés qui suivent forment un seul caractère [illegible]	I H
G	ڭ	[illegible]		
Ġ	[illegible]	[illegible]	[illegible]	
H	ه	⁞	les 4 signes juxtaposés forment un seul caractère [illegible]	⁞
Ḥ	ح			[illegible]
I	ي	[illegible]	[illegible]	[illegible]
J	ج	[illegible]	les 2 premiers signes juxtaposés forment un seul caractère	[illegible]
K	ك	[illegible]	id. des deux autres [illegible]	[illegible]
Ḳ	ق	···	[illegible]	···
KH	خ	[illegible]		[illegible]
L	ل	‖	=	‖
M	م	⊐	⊔ [illegible]	⊐
N	ن	|	[illegible]	|
OU. O	و	[illegible]	‖	[illegible]
R	ر	○ □	○ □	○ □
Ṛ	غ	[illegible]	[illegible]	[illegible]
S	س	⊙ ⊡	[illegible]	⊙ ⊡
T	[illegible]	+	× +	+
Ṭ	ط	[illegible]	[illegible]	⊞
Ṯ	[illegible]		[illegible]	
Z	ز	[illegible]	[illegible]	[illegible]
Ẓ	ظ	#	[illegible]	[illegible]
LI		ǀǀǀ	ǀǀǀ	

Tabla comparativa del tifinagh y alfabeto tuareg antiguo, extraída de Ch. de Foucauld: *Notes pour servir a un essai de grammaire touarègue (dialecte de l´Ahaggar)* (1920).

estar de acuerdo entre ellos: en tuareg antiguo no se habrían utilizado los signos puntiformes, pero en cambio, sí los que están compuestos por barras paralelas. Incluso se ha supuesto que ello se debe a la evolución, al ser sustituidas las barras paralelas por puntos, como se ha podido comprobar con la /u/ que en líneas verticales se escribía mediante ॥ en la modalidad más antigua (también en líbico) que se correspondería con una ·· en los textos más recientes. Por otra parte, también parecen coincidir los distintos investigadores en que algún signo idéntico, como por ejemplo, ⊙ y su alógrafo ⊡, no representan a los mismos fonemas en los distintos alfabetos, pues se emplean para la /b/ en sahariano antiguo (también en líbico oriental), pero para una /s/ en la modalidad reciente, el *tifinagh*.

Sin embargo, no resulta fácil separar nítidamente a estos alfabetos, tal como se pensaba en los inicios de la investigación. Aunque es posible investigar a los grupos *tifinagh* en compañía de informantes locales, para las modalidades más antiguas, su estudio resulta ser muy complicado, pues habría que acudir para ello a las inscripciones rupestres, y resulta difícil asignar una línea escrituraria –generalmente de corto tamaño- a un alfabeto en concreto. En muchos casos se mezclan signos de los dos grupos (Springer: 2022), por otra parte no abundan yacimientos en los que puedan reconocerse los alfabetos más antiguos, tal como fueron defendidos por los investigadores mencionados. A ello hay que añadir que no se ha indicado cuáles fueron los yacimientos en concreto en los que se encuentran teóricamente las modalidades más antiguas, las que supuestamente aportaron estos signos. En opinión de Karl Gottfried Prasse (1972), es posible que algún anciano le hubiera transmitido a Charles de Foucauld este alfabeto antiguo, aunque en este caso se trataría de una modalidad usada en tiempos no demasiado lejanos, ni siquiera en época medieval, ya que es improbable que se tenga un conocimiento sobre un alfabeto ya en desuso después de medio milenio sin, efectivamente, fuentes escritas.

Los alfabetos *tifinagh* son los más recientes en África, de uso actual en el centro del Sáhara, en Argelia, Libia, Mali, Níger y, en menor medida, también en Burkina Faso. Son a la vez representantes de la modalidad más meridional de todo el territorio en el que ha estado en uso esta escritura.

En dos fotografías he deseado reflejar situaciones distintas, aunque con contenidos muy similares. Una de ellas se corresponde con un detalle de un panel de Assouf Mellan (Ahagar, Argelia), cuyas pinturas muestran varios caballos, otros cuadrúpedos apenas reconocibles, algunos antropomorfos y también una inscripción. En esta, los caracteres que pueden identificarse entre un grupo algo mayor, representan /m/, /h/ y /m/. Falta o no se puede apreciar la letra final /d/, con lo que sabríamos que se trata de un nombre propio, el de Mohamed.

Assouf Mellal, Ahagar (Argelia).

En la fotografía siguiente se ve a un tuareg sentado en el suelo, que está escribiendo su nombre en la arena. Este viene precedido por la fórmula expresada por /w/ /n/ /k/ (awa nek) que significa "soy yo" y seguido de su nombre Mohamed, que era el de este tuareg amigo y a la vez nuestro guía, quien nos acompañó en un viaje por el sur de Libia (en estos momentos nos encontrábamos en las cercanías del Wadi Mathendous). En la inscripción rupestre quedaba por concluir aún la última letra del nombre, y Mohamed no había llegado aún a trazarla en el momento en el que le tomé la fotografía. Sirva esta para hacernos reflexionar también sobre el gran número de inscripciones que debieron hacerse de forma parecida sobre soportes endebles, como aquí en la arena, inscripciones que poco después se las llevaría el viento y que por ello no han tenido ninguna posibilidad de llegar a nosotros.

Uso actual de *tifinagh*. Fezán (Libia).

Sobre el uso actual de *tifinagh* (Argelia), los investigadores han señalado ya en múltiples ocasiones que el conocimiento de esta escritura se está perdiendo entre los tuaregs. Ya lo había mencionado Ch. de Foucauld a principios del siglo pasado y se supone que la pérdida de su empleo ha ido aumentando, pero no existen estudios sobre este tema. Para saber hasta qué punto había avanzado el olvido de esta grafía entre la población tuareg, llevamos a cabo un estudio puntual y de muestreo *in situ*, en un pequeño pueblo al sur de Tamanrasset, que contaba con unos 60 habitantes aproximadamente, de ellos, 30 adultos. En este pequeño poblado el conocimiento de la escritura no estaba generalizado entre sus habitantes, pues de un total de las 26 personas entrevistadas y con las que se hicieron numerosos ejercicios para evaluar su nivel de conocimiento, solamente 14 fueron capaces de redactar textos y entender su contenido, o sea, algo más de la mitad (Springer y

Quintana, 2006:35). Eran fundamentalmente las mujeres las que se servían aún de esta grafía, entre las que 10 de 14 entrevistadas mostraban un buen conocimiento, al contrario de la población masculina en la que el número se reducía a 4 de entre los 12 encuestados al respecto. En cuanto a la edad, las mujeres de mayor edad eran las que dominaban mejor la escritura, de igual manera que los hombres conocedores de esta grafía eran todos mayores de 40 años, mientras que los más jóvenes confesaban no saber hacer uso de ella, pues por lo general se servían de la escritura árabe, cuya lengua dominaban igualmente.

Uso actual de *tifinagh*. Ahagar (Argelia).

El aprendizaje "tradicional" suele hacerse en el seno de la sociedad y muchas veces entre la gente joven. En principio, se aprenden todas las letras a la vez, comenzando por escribir los nombres de las personas para familiarizarse con su empleo. El uso institucionalizado no existe prácticamente, con excepción de los *neotifinagh* (modalidades de creación reciente sobre la base del *tifinagh,* en las que se han introducido importantes cambios) que se usan en diferentes países, fundamentalmente en Marruecos y Argelia, pero ninguno de estos alfabetos se corresponde con la escritura que se ha transmitido de una generación a otra en un lugar dado.

Gao (Mali).

La fotografía de mi profesor escribiendo sobre una pizarra coincide con una enseñanza, diría que "artificial" a la que asistí en Gao (Mali). Hay hechos que no se corresponden con el aprendizaje habitual, como es el empleo de las comas, que había colocado para facilitarme la separación de las distintas palabras. Otro aspecto es el de la dirección de las líneas, que en la escritura líbico-bereber puede ser de izquierda a derecha o a la inversa, también de abajo-arriba y a la inversa. Mi profesor había escogido el sentido de lectura de izquierda a derecha, no solo porque suponía que de este modo me resultaría más fácil, sino porque él también escribía así por regla general, ya que su segunda lengua era el francés y, por tanto, usaba la escritura latina. Sin embargo, personas familiarizadas con la escritura árabe comienzan en muchas ocasiones desde la derecha, lo que podría obedecer a la fuerza de la costumbre. Una estancia en el poblado de mi profesor, situado en las cercanías de Gao (Mali), mostró de nuevo el retroceso que existe en el empleo de esta grafía, ya que una gran parte de sus vecinos manifestaron no saberse valer de ella.

En otra inscripción reciente, ubicada en la pared de un barranco que discurre en las cercanías de Touffadet, al sur de Tamanrasset, figura dos veces la fórmula inicial expresada mediante dos puntos, barra, tres puntos (redactados allí de derecha a izquierda) : | ∴ (awa nek) seguido por nombres propios, todos bien conservados y comprensibles. La última línea de las que nos fueron "traducidas" por nuestro acompañante al lugar, nos confirmaba que se trataba de /g/ y el nombre islámico de /Abderraman/, o sea de la gente/hijo de Abderraman. Los otros dos también eran nombres propios, el segundo de ellos se correspondía con Musa. Conviene recordar que en la escritura *tifinagh* es muy frecuente el empleo de la fórmula inicial seguida del nombre propio, y es una característica exclusiva del *tifinagh*, ya que en vano se buscará en otra modalidad, ni tampoco parece haber sido utilizada en el tuareg antiguo.

Pero aunque por lo general los signos son bien conocidos por parte de los tuaregs, su contenido no siempre resulta comprensible, ni siquiera para ellos. Muchas inscripciones se quedan sin "traducción", y puede que existan varios motivos para ello. En primer lugar, por las dificultades inherentes en esta escritura, en la que no se escriben las vocales, sino solo excepcionalmente, en la cual el sentido de lectura puede variar obligando a algunos caracteres a rotar sobre su propio eje, no se separan las palabras, además de que no es inusual que el escritor dejara intencionalmente un mensaje enigmático. Por otra parte conviene tener en cuenta que en esta región las sociedades se trasladan con frecuencia de un lugar a otro por lo que pueden redactar textos pertenecientes a alfabetos algo distintos, y también que, aun tratándose de una modalidad reciente, ello no implica que todas hayan sido realizadas al mismo tiempo.

Touffadet, Ahagar (Argelia).

Mohamed Aghali-Zakara y Jeannine Drouin (2007) figuran entre los escasísimos investigadores que han estudiado un gran número de inscripciones *tifinagh* rupestres en dos zonas cercanas, una en Mali y otra en Níger. Y puesto que siempre interesa saber lo que dicen los grabados, estos autores han resumido su contenido en diversas categorías, destacando las afirmaciones de identidad, además de avisos de desplazamientos, relaciones sociales y afectivas. Entre las primeras abundan los que comienzan con el ya mencionado awa nek ("soy yo") seguido por un nombre propio, también por el ag/aw ("hijo de") como se ha visto en aquella inscripción del oued en las cercanías de Touffadet. Entre las segundas se reconoce "él ha ido", "he atravesado", "he bajado", etc. Finalmente, en el tercer grupo se encuentran expresiones como "yo he dicho", "A. ama E.", "ella se ha curado", "A. está de buena salud", entre otras.

Resulta también importante saber que el *tifinagh* no es un solo alfabeto, sino que los investigadores han aislado cinco de ellos según el lugar de su uso. Pero más que dicha variabilidad, puede sorprender la escasa coincidencia de signos que hay entre ellos, ya que de los entre 21 y 26 caracteres que componen los distintos alfabetos, solo 12 tienen la misma forma y significado en los cinco grupos establecidos (Aghali-Zakara y Drouin, 2007:28).

Para resumir, solo quiero constatar de nuevo la enorme expansión que tuvo esta escritura, cuyos testimonios han sido registrados en Canarias, en todo el norte de África y en el Sáhara central. A ello hay que sumar igualmente otro gran logro, el que se mantuviera vigente durante un tiempo que abarca desde la Antigüedad hasta fechas actuales, como sucede en el caso del *tifinagh*, aunque lamentablemente tal vez ya se vislumbre su ocaso en el horizonte.

Insistimos que en el Archipiélago la escritura líbico-bereber ha sido clave para conocer la procedencia de su población.

Cuando ahora volvemos la mirada hacia atrás, a las investigaciones del siglo XIX hasta mediados del XX, no podemos evitar recordar que durante mucho tiempo se atribuyó la autoría de los textos líbico-bereberes canarios a visitantes esporádicos y no a los habitantes del Archipiélago (Verneau, 1882; Álvarez 1964). Pero dicha hipótesis quedó descartada hace más de cinco décadas, a medida que aumentaba la investigación y el conocimiento arqueológico en Canarias y se produjo un enorme incremento del número de estaciones con inscripciones, desde las cinco que conoció Juan Álvarez Delgado a las casi ochenta que han sido documentadas hoy en día.

Es obvio que ello ha generado un excelente material de estudio para el conocimiento de esta grafía: se ha podido establecer el corpus de signos empleados, el de sus correspondientes alógrafos, la frecuencia de su uso, la distribución de los textos por islas y los soportes elegidos preferentemente. Incluso se sabe cuál es el alfabeto del que procede la escritura canaria, y la transliteración de sus caracteres. Pero fundamentalmente, ahora hay argumentos más que de sobra para olvidar para siempre aquella idea inicial de unos visitantes esporádicos como autores de las inscripciones isleñas.

El origen bereber de los antiguos canarios es indiscutible. Lo atestiguan el contexto de manifestaciones rupestres al que se asocian las inscripciones canarias, el tablón funerario de Guarazoca con signos líbico-bereberes fechado por C14, en definitiva, el gran cúmulo de evidencias arqueológicas que vinculan las culturas indígenas canarias con el mundo bereber continental y, por si fuera poco, el propio uso de la lengua bereber y las pruebas de ADN.

Barranco de Tejeleita (El Hierro).

BIBLIOGRAFÍA

ABDELLAH, S., HECKENDORF, R. (2002): "L´art rupestre «líbyco-berbère» au Maroc: État des connaissances". *Beiträge zur allgemeinen und vergleichenden Archäologie,* Band 22. Mainz. Verlag Philipp von Zabern, 65-94.

ACOSTA ARMAS, J. (2019): "Gramática de la toponimia herreña de origen bereber". J.J. BATISTA RODRÍGUEZ (ed.): *Estudios sobre toponimia canaria prehispánica. Sobre guanchismos, topónimos guanches y lingüística bereber*. Santa Cruz de Tenerife: Academia Canaria de la Lengua, 151-222.

AFÖLDI, M.R. (1979): "Die Geschichte des numidischen Königsreiches und seiner Nachfolger". *Die Numider. Reiter und Könige nördlich der Sahara.* Köln: Reinland-Verlag, 43-75.

AGHALI-ZAKARA, M., DROUIN, J. (1973-1979): "Recherches sur les Tifinagh". *Comptes Rendus du Groupe Linguistique d'Etudes Chamito-Semitiques 18-23,* Paris, 245-272, 279-292.

AGHALI-ZAKARA, M., DROUIN, J. (1997): "Écritures libyco-berbères. Vingt-cinq siècles d´histoire". *L´aventure des écritures. Naissances.* Bibliothèque nationale de France. Paris, 98-111.

AGHALI-ZAKARA, M., DROUIN, J. (2007): *Inscriptions rupestres Libyco-Berbères. Sahel Nigéro-Malien.* Ginebra: Librairie Droz.

AIT ALI YAHIA, S. (2013): *Étude comparative entre les stèles à inscriptions libyques de la Berbèrie Centrale (Algérie) et de la Berbèrie Occidentale (Maroc).* Saarbrücken. Éditions Universitaires Européennes.

ALBERTO BARROSO, V. (2020): *Rozando la eternidad. La muerte entre los antiguos canarios.* La isla de los canarios, 3. Las Palmas de Gran Canaria. Ediciones del Cabildo de Gran Canaria.

ALBERTO-BARROSO, V., VELASCO-VÁZQUEZ, J., DELGADO-DARIAS T., MORENO-BENÍTEZ, M. A. (2021): "The end of a long journey. Tumulus burials in Gran Canaria (Canary Islands) in the second half of the first millennium AD". *Azania: Archaeological Research in Africa*: https://doi.org/10.1080/0067270X.2021.1960674.

ALBERTO, V., DELGADO T., MORENO, M. A., VELASCO, J. (2023): *Migrantes y nativas. Diálogos de identidades a través del tiempo.* La isla de los canarios, 6. Las Palmas de Gran Canaria. Ediciones del Cabildo de Gran Canaria.

ÁLVAREZ DELGADO, J. (1964): *Inscripciones líbicas de Canarias. Ensayo de interpretación líbica.* La Laguna: Universidad de La Laguna.

ARDELEANU, S. (2021): *Numidia Romana? Die Auswirkungen der römischen Präsenz in Numidien (2. Jh. V. Chr. – 1. Jh. n. Chr.).* Archäologische Forschungen 38. L. Reichert Verlag. Wiesbaden.

BASSET, A. (1948): "Écritures libyque et touarègue". Charles FOSSEY, *Notices sur les caracteres étrangers anciens et modernes.* Paris, 135-143.

BASSET, A. (1952): *La langue berbere.* Paris.

BASSET, A. (1959): "Écritures libyque et touarègue". *Articles de dialectologie berbère.* Paris: Klincksiek, 167-175.

BASSET, H. (1923): "Deux petroglyphes du Maroc Occidental (Region de Zaer)". *Hesperis, III.* Paris, 141-146.

BELMONTE AVILÉS, J.A. et alii (2010): "Análisis estadístico y de grupos de las rscrituras líbico-bereberes de Canarias y el norte de África: claves para el poblamiento". *VI Congreso de Patrimonio Histórico.* Arrecife: Cabildo de Lanzarote (en prensa).

BERNUS, E. (2002): *Les Touaregs.* Paris: Éditions Vents de Sable.

BRAVIN, A. (2014): *L'Art rupestre de la phase des cavaliers au Maroc. Les sites de Foum Chenna (Vallée du Draa) et du Jebel Rat (Haut Atlas). Analyse iconographique, thématique et proposition de chronologie.* [Tesis no publicada]. Université d'Aix-Marseille (France).

PÉREZ CAAMAÑO, F. (2023): *Los Guanches en las montañas. Creencias mágico-religiosas, estratificación social y restricción.* Sta. Cruz de Tenerife: LeCanarien ediciones.

CAMPS G. (1961): *Aux origines de la Berbérie, Monuments et rites funéraires protohistoriques,* Paris, A.M.G., 180-186.

CAMPS, G. (1978): "Recherches sur les plus anciennes inscriptions libyques de l'Afrique du Nord et du Sahara". *Bulletin archéologique du Comité des Travaux historiques et scientifiques,* fasc. 10-11 (1974-1975), Paris, 143-166.

CAMPS, G. (1995a): "Djorf Torba". *Encyclopédie berbère,* 16, Aix-en-Provence: Edisud, 2477-2488.

CAMPS, G. (1995b): "Les chars sahariens. Images d´une société aristocratique". *Cavalieri dell´ Africa. Storia, iconografía, simbolismo.* Centro studi Archeologia Africana, 141-160.

CAMPS, G. (1995): *Les berbères. Memoire et identité.* Éditions Errance. Paris.

CASAJUS, D. (2015): *L´alphabet touareg. CNRS Editions.* Paris.

CHABOT, J.B. (1940-1941): *Recueil des Inscriptions Libyques.* Imprimerie Nationale. Paris.

CRESPO, Celeste María (2011): "Egipto bajo los reyes y jefes de origen libio (Tercer período intermedio): algunas observaciones respecto de sus prácticas político-ceremoniales" [en línea]. *Antiguo Oriente: Cuadernos del Centro de Estudios de Historia del Antiguo Oriente 9* (2011). Comodoro Rivadavia, 119-134.

CUENCA SANABRIA, J., RIVERO LÓPEZ, G., (1997): "La estela de Gamona". *El Museo Canario,* 52, Las Palmas de Gran Canaria, 167-184.

DI LERNIA, S. (2013): "Places, monuments and landscape: evidence from the Holocene central Sahara". *Azania: Archaeological Research in Africa* 48, 173-192.

DESANGES, J. (1957): "Le triomphe de Cornélius Balbus, 19 av. J.C". *Revue africaine,* 101, 5-43.

DIEGO CUSCOY, L. (1968): *Los Guanches. Vida y cultura del primitivo habitante de Tenerife.* Publicaciones del Museo Arqueológico, 3, Santa Cruz de Tenerife.

DUVAUX, C. (1901): "Notice sur des inscriptions recueillies a Taghit (Sud Oranais)". *Bull. Trim. de Geogr. et d´Archéologie, t.* XXI, Oran, 306-314.

FAIDHERBE, L.L.C., 1870: *Collection complète des inscriptions numidiques (libyques).* Paris: Librairie A. Franck.

FAIDHERBE, L.L.C., 1876: "Jeroglíficos de la Isla de Hierro". *Boletín de la Sociedad Geográfica de Madrid,* I, 561-562.

FARRUJIA DE LA ROSA, A. J., PICHLER, W., RODRIGUE, A. y GARCÍA MARÍN, S. (2009a): "Las escrituras líbico-bereber y latino-canarias en la secuenciación del poblamiento de las Islas Canarias". *El Museo Canario LXIV,* 9-50.

FARRUJIA DE LA ROSA, A. J.; PICHLER, P.; RODRIGUE, A. y GARCÍA MARÍN, S. (2009b): "Escrito en piedra: el poblamiento amazigh de las Islas Canarias". *Revista de Arqueología, Año no. 30,* no. 345, 26-35.

FOUCAULD, C. (1920): *Notes pour servir a un essai de grammaire touarègue (dialecte de l´Ahaggar).* Algier.

GAULTHIER, Y, GAULTHIER C. (1996): *L´art du Sahara.* Éditions du Seuil, Paris.

GALAND, L., 1966; "Inscriptions libyques". *Inscriptions Antiques du Maroc.* Paris: *CNRS.* 9-79.

GALAND, L. (1973): "L'alphabet libyque de Dougga". *Revue de l'Occident Musulman et de la Mediterranée.* 13-14. Aix en Provence, 361-368.

GALAND, L. (1973): "Die afrikanischen und kanarischen Inschriften des libysch-berberischen Typus. Probleme ihrer Entzifferung". *Almogaren, IV.* Graz, 65-79.

GALAND, L. (1975): "Une inscription canarienne sur bois". *L'Anthropologie. T. 79,* no. 1. Paris, 5-37.

GALAND, L. (1978): "Libyque et berbere". *Ecole pratique des Hautes Etudes.* Paris, 199-212.

GALAND, L. (1983): "Einige Fragen zu den Kanarischen Felsinschriften". *Almogaren, XI-XII*. Hallein, 51-59.

GALAND, L. (1989): "Les alphabets libyques". *Antiquités africaines*, 25. Paris, 69-81.

GALAND, L., (1989): "Inscriptions sahariennes". *Sahara,* 2. Milan, 109-110.

GALAND, L. (1990): "¿Es el beréber la clave para el canario?". *Eres (Arqueología)* Vol I, 87-93.

GALAND L. (1992): "Petit lexique pour l'étude des inscriptions libyco-berbères". *Almogaren, XXIII*. Hallein, 119-126.

GALAND, L. (1994): "A la recherche du Canarien". *Sahara, Vol. 6.*, pp.109-111.

GALAND, L. (2005): "La datation des inscriptions, pour une évaluation des critères linguistiques". *Lettre du RILB,* 11. Paris, 1-2.

GALAND, L. (2014): "Retour aux Îles Canaries". *Lettre du RILB*, 20, Paris, 1-2.

GARCÍA GARCÍA, A. (2008): "El informe de Juba II sobre las Fortunatae Insulae (Plinio el Viejo, HN, VI, 202-205)". *Tabona: Revista de prehistoria y de arqueología*. La Laguna: Universidad de La Laguna. nº 17, 141-164.

GARCÍA GARCÍA, A. (2009): *Juba II y las islas Canarias*. Santa Cruz de Tenerife: Ediciones Idea.

GARCÍA GARCÍA, A., TEJERA GASPAR, A. (2018): *Bereberes contra Roma. Insurrecciones indígenas en el norte de África y el poblamiento de las islas Canarias*. Santa Cruz de Tenerife: LeCanarien Ediciones.

GAULTHIER Y., GAULTHIER, D. (1996): *L´art du Sahara*. Paris: Editions du Seuil.

GHAKI, M. (1986): "Une nouvelle inscription libyque a Sicca Veneria (Le Kef): Libyque 'oriental' et libyque 'occidental'. *Reppal, t.II.*, 315-320.

GHAKI, M. (1995): "La répartition des inscriptions libyques". *Reppal, t. IX*, 93-108.

GHAKI, M. (2013): "Le libyque". *Revue Tunisienne d´Archéologie*, 1. Túnez, 9-28.

GONZÁLEZ ANTÓN, R., BALBÍN BEHRMANN, R., BUENO RAMÍREZ, P., DEL ARCO, M.C. (1995): *La piedra zanata*. Museo Arqueológico. Cabildo de Tenerife.

GREENBERG, J.H. (1982): "Clasificación de las lenguas de África". J-Ki Zerbo, *Historia general de Africa. I. Metodología y prehistoria de África*. Madrid, 315-331.

HACHID, M. (2000): *Les premiers berbères. Entre Méditerranée, Tassili et Nil*. Édisud. Aix en Provence.

HECKENDORF, R. (2008): *"Bubalin" und "Bovidien" in Südmarokko. Kontext, Klassifikation und Chronologie der Felsbilder im mittleren Draa-Ta*. Reichert Verlag Wiesbaden.

HERNÁNDEZ PÉREZ, M.S. (1981): *Grabados rupestres del Archipiélago canario*. Las Palmas de Gran Canaria.

HERNÁNDEZ PÉREZ, M. S. «(2002): *El Julan*. Madrid.

KHANOUSSI, M. (2002): *Dougga*. Collection: Sites et monuments de Tunisie. Ministere de la Culture. Túnez.

KHAYARI, A. El (2009): "Nouvelles remarques épigraphiques et chronologiques sur l´inscription des Azibs n´Ikkis (Haut Atlas, Maroc)". *Bull. d´archéologie marocaine*, XXI, 128-136.

IBN KHALDUN, (2003): *Histoire des berbères et des dynasties musulmanes de l´Afrique Septentrionale.* Berti Editions, Alger.

KUPER, R. (1978): "Sieben Fragen zur Felsbildkunst". *Sahara.* Museum Alexander König. Bonn, 98-103.

KUPER, R, GABRIEL, B. (1979): "Zur Urgeschichte des Magreb". *Die Numider. Reiter und Kónige nördlich der Sahara.* Rheinland Verlag, Köln, 23-24.

LETAN, R. (1966): "Note sur des gravures rupestres de la región d´Irherm de L´Anti-Atlas". *Bull. Arch. Mar.* VI, 455-460.

LHOTE, H. (1975): *Hacia el descubrimiento de los frescos del Tasili.* Barcelona: Ediciones Destino.

LHOTE, H. (1982): *Les chars rupestres saharien des Syrtes au Niger par le pays des Garamantes et des Atlantes.* Toulouse: Editions des Hespérides.

LHOTE, H. (1984): *Les gravures rupestres de l´atlas saharien. Monts des Ouled-Nail et region de Djelfa.* Alger.

MALHOMME, J. (1959, 1961): *Corpus des gravures rupestres du Grand Atlas.* Publ. Serc. Ant. Maroc. 2 vol. Fasc. 13 y 14. Rabat.

MALHOMME, J., GALAND, L. (1960): "L´homme a l´inscription des Azibs n´Ikkis: Yagour". *Bull. D´Archéologie Marocaine,* t. IV, 411-421.

MARCY, G. (1932): "Une province lointaine du monde berbère: les Îles Canaries. L´archipel canarien et son histoire". *Bulletin de l´Enseignement Publica u Maroc,* 127, 170-191.

MARCY, G. (1936): "L´epigraphie berbère (numidique et saharienne)". *Annales de l´Institut d´Études Orientales de l´Université d´Alger,* 2, 128-164.

MORA AGUIAR, I. (2016): "El origen de la escritura líbico-bereber: dataciones e hipótesis". *Tabona, 21.* La Laguna, 11-28.

MORA AGUIAR, I. (2017a): "Influencias e innovaciones gráficas en la creación del alfabeto líbico-oriental (Túnez y Argelia)". *Vegueta,* 14. Las Palmas de Gran Canaria, 493-513.

MORA AGUIAR, I. (2017b): "Historia de los alfabetos líbico-bereberes a través del signo =". XII *Coloquio de Historia Canario-Americana.* Las Palmas de Gran Canaria, 1-17.

MORA AGUIAR, I. (2021): "La dispersión de la escritura líbico-bereber desde Numidia hasta Canarias". N. Moncunill Marti, M. Ramirez-Sanchez: *Aprender la escritura, olvidar la escritura.* Universidad del País Vasco, 39-64.

MORA AGUIAR, I. (2022): *De Numidia a Canarias: El viaje de la escritura líbico-bereber.* Peter Lang, Bd. 175. Berlin.

MORA AGUIAR, I., SPRINGER BUNK, R.A., (2024): "Estudio de las inscripciones líbico-bereberes de la isla de Tenerife". *Paleohispánica,* 24, 183-216.

MORENO-BENÍTEZ, M. A., ALBERTO-BARROSO, V., MENDOZA-MEDINA, F., SUÁREZ-MEDINA, I. (2023): "La Fortaleza, tres en uno. Caracterización arqueológica de un espacio aborigen de larga duración". *Anuario de Estudios Atlánticos.* Las Palmas de Gran Canaria, núm. 69: 069-003, 1-26.

MORI, F., (1978): "Zur Chronologie der Sahara-Felsbilder". *Sahara.* Museum Alexander König. Bonn, 253-261.

MUZZOLINI, A. (1990): "Au sujet de: la datation des chars au 'galop volant'". *Sahara,* 3, 115-118.

MUZZOLINI, A. (1995): *Les Images Rupestres du Sahara. Collection Préhistoire du Sahara, 1.* Alfred Muzzolini, Toulouse.

NAVARRO MEDEROS, J.F. (1992): *Los Gomeros: una prehistoria insular.* S/C de Tenerife (Gobierno de Canarias).

NAVARRO MEDEROS, J.F. (1997): "Arqueología de las Islas Canarias". *Espacio, Tiempo y Forma, serie I, Prehistoria y Arqueología,* 10, 447-471.

NAVARRO MEDEROS, J.F., SPRINGER BUNK, R.A., HERNÁNDEZ MARRERO, J.C. (2006): "Inscriptions libyco-berbères à La Gomera (Îles Canaries). Las Toscas del Guirre". *Sahara,* 17, 191-196.

NAVARRO MEDEROS, J.F, CANCEL, S.J., (2019): "Cronología relativa en grabados rupestres de Arona (Tenerife, islas Canarias)". *Anuario de Estudios Atlánticos,* nº 66, Las Palmas de Gran Canaria, 1-32.

PADRÓN, A. (1874): *Relación de unos letreros antiguos encontrados en la Isla del Hierro.* Las Palmas de Gran Canaria.

PERERA BETANCOR, M.A., BELMONTE AVILÉS, J.A. (2021): *Las escritura del pueblo majo. Claves para el poblamiento de Canarias.* Santa Cruz de Tenerife: LeCanarien ediciones.

PICHLER, W. (2000): "Die Felsbilder von Foum Chenna/Oued Draa (Marokko): Ein Spiegel nordsaharischer Berberkultur im 1. Jahrtausend B.C". *Almogaren* XXXI, Wien, 117-124.

PICHLER, W. (2007) *Origin and Development of the Libyco-Berber Script.* Rüdiger Köppe Verlag. Köln.

POYTO, R., MUSSO, J.C. (1969): *Corpus des peintures et gravures rupestres de Grande Kabylie.* Arts et Métiers Graphiques. Paris.

PRASSE, K.G. (1972): "Écriture". *Manuel de grammaire touarègue (tahagart), I.* Copenhagen, 145-161.

PRASSE, K.G. (2010):*Touareg Elementary Course (Tahâggart).* Berber Studies. Rüdiger Köppe Verlag. Köln.

RAKOB, F. (1979): "Numidische Königsarchitektur in Nordafrika". *Die Numider. Reiter und Könige nördlich der Sahara.* Rheinland-Verlag. Köln, 119-173.

REYGASSE, M. (1932): *Contribution à l´étude des gravures rupestres et inscriptions tifinar´-du Sahara central.* Paris: Librairie J. Carbonel.

REYGASSE, M. (1950): *Monuments funéraires préislamiques de l'Afrique du Nord.* Paris, A.M.G., fig. 158 à 161.

RODRIGUE, A. (1999): *L´art rupestre du Haut Atlas Marocain.* L´Harmattan. Paris.

RÖSSLER, O. (1979): "Die Numider – Herkunft, Schrift, Sprache". *Die Numider. Reiter und Könige nördlich der Sahara.* Rheinland-Verlag. Köln, 119-173.

RÖSSLER, O. (1980): "Libyen von der Cyrenaica bis zur Mauretania Tingitana". *Die Sprachen im römischen Reich der Keiserzeit. Beihefte der Bonner Jahrbuch (Bonn),* 40, 267-284.

RUEGER, C.B. (1979): "Das Grab der Tin Hinan bei Abalessa/Algerien". *Die Numider. Reiter und Könige nördlich der Sahara.* Rheinland-Verlag. Köln, 181-184.

RUPRECHTSBERGER, E.M. (1997): *Die Garamanten. Geschichte und Kultur eines libyschen Volkes in der Sahara.* Verlag Philipp von Zabern. Mainz.

SALUSTIO CRISPO, G. (1971): *Guerra de Jugurta.* Traducción de J. García Álvarez. Madrid: Editorial Gredos.

SÁNCHEZ PERERA, S., VELASCO VÁZQUEZ, J., GONZÁLEZ RUIZ, T.N. (2005): *El lugar de los antepasados. La necrópolis Bimbape de montaña La Lajura (El Hierro).* Cabildo Insular de El Hierro. Sta. Cruz de Tenerife.

SAULCY, R. De (1843): "Lettre sur l´inscription libyque de Dougga". *Journal Asiatique,* 1, 86-126.

SEARIGHT, S, HOUBETTE, D. (1992): *Gravures rupestres du Haut Atlas.* Editions Belvisi. Casablanca.

SFAXI, I. (2015): "Expériences de traduction dans l'univers libyque: l'apport des inscriptions bilingües". *XX Convegno internazionale distudi su l´Africa romana, Momenti de continuità e rottura: bilancio di trent "anni di Convegni de "L´Africa romana",* Alghero, Sardeña, 1341-5.

SKOUNTI, A., LEMJIDI, A., NAMI, E.M. (2003): *Tirra. Aux origines de l´écriture au Maroc.* Editions de l´IRCAM. Al Jadida.

SKOUNTI, A., LEMJIDI, A. (2022): "Inscriptions libyco-berbères en Milieu rupestre au Maroc: Bilan et perspectives de recherche". Études et Documents Berbères, 47, 115-130.

SOCORRO, L. (2022): *Amaziges de Canarias. Historia de una Cultura.* Madrid: Mercurio Editorial.

SPRINGER BUNK, R.A. (1998): "Los grabados del Ksar Barebi (Taghit, Argelia)". *Almogaren XXIX,* Vöcklabruck. Pg. 85-101.

SPRINGER BUNK, R.A. (2001): *Origen y Uso de la escritura líbico-bereber en Canarias.* Centro de la Cultura Popular de Canarias.

SPRINGER BUNK, R. (2002): "Consideraciones sobre las clasificaciones de la escritura líbico-bereber: el ejemplo de una estación rupestre Rocher des Pigeons". *I Simposio manifestaciones rupestres canario-norte de África. Faycak número extraordinario.* 379-391 www.faykag.net.

SPRINGER BUNK, R.A. (2009): "Grabados e inscripciones rupestres del ámbito líbico-bereber en las Islas Canarias, Norte de África y Sahara". *Tabona, 17.* La Laguna, 93-109.

SPRINGER BUNK, R.A. (2014): *Die libysch-berberischen Inschriften der Kanarischen Inseln in ihrem Felsbildkontext.* Rüdiger Köppe Verlag. Köln.

SPRINGER BUNK, R.A. (2015-2016): "La escritura líbico-bereber de las Islas Canarias: ¿uno o varios alfabetos?". *Tabona, 21*, 29-46.

SPRINGER BUNK, R. A. (2018): "La traducción de las incripciones Líbico-Bereberes de las Islas Canarias y su presentación en páginas de internet". *XXII Coloquio de Historia Canario- Americana* (2016), XXII-125. http://coloquioscanariasmerica.casadecolon.com/index.php/aea/article/view/10064.

SPRINGER BUNK, R. A. (2021): "La investigación de las inscripciones líbico-bereberes canarias: un siglo y medio de estudios". Noemí Moncunill Martí, Manuel Ramírez-Sanchez (eds.), *Aprender la escritura, olvidar la escritura. Anejos de Veleia.* S.M.39:17-38.

SPRINGER BUNK, R. A. (2022): "Inscripciones tifinagh en el ámbito rupestre (Sáhara Central)". *Tabona, 22,* 131-149.

SPRINGER BUNK, R. A., Sánchez Perera, S. (2011): "Documentación de las manifestaciones rupestres de El Hierro (2008-2009); precedentes, procedimientos y resultados". *Actas del seminario Arqueomac de gestión del Patrimonio Arqueológico.* Sta. Cruz de Tenerife, 109-124.

SPRINGER BUNK, R. A., PERERA BETANCORT, M. A. (2016): "Montaña del Sombrero. La escritura Líbico-Bereber y Líbico-Canaria de Fuerteventura". *XXI Coloquio de Historia Canario-Americana (2014), XXI-083.* http://coloquioscanariasmerica.casadecolon.com/index.php/aea/article/view/9563.

SPRINGER BUNK, R.A., QUINTANA ARTEAGA, J. (2006): "Instantánea tifinagh. De las inscripciones rupestres a los actuales alfabetos tuareg". *Tabona,* 15, 29-48.

STORM, E. (2001): *Massinissa. Numidien im Aufbruch.* Franz Steiner Verlag Stuttgart.

STRIEDTER, K.H. (1978): "Felsbilder als Geschichtsquelle". *Sahara.* Museum Alexander König. Bonn, 262-271.

STRIEDTER, K.H. (1984): *Felsbilder der Sahara.* Prestel Verlag, München.

TEJERA GASPAR, A., CHÁVEZ ÁLVAREZ, M.E., MONTESDEOCA, M. (2006): *Canarias y el África Antigua.* Taller de Historia, 41, Centro de la Cultura Popular Canaria, Tenerife.

TEJERA GASPAR, A., GARCÍA GARCÍA, A. (2018): *Bereberes contra Roma. Insurrecciones indígenas en el norte de África y el poblamiento de las Islas Canarias.* Santa Cruz de Tenerife: LeCanarien ediciones.

TEJERA GASPAR, A. (2023): *Los guanches de Arona.* Santa Cruz de Tenerife: LeCanarien ediciones.

TEJERA GASPAR, A., PERERA BETANCOR, M.A. (2011): "Las supuestas inscripciones púnicas y neopúnicas de las Islas Canarias". *SPAL 20,* 175-184.

VELASCO VÁZQUEZ, J., ALBERTO BARROSO, V., DELGADO DARIAS, T., MORENO BENÍTEZ, M., LECUYER, C. PASCALE RICHARDIN (2020): "Poblamiento, colonización y primera historia de canarias: el c14 como paradigma. *Anuario de Estudios Atlánticos.* Las Palmas de Gran Canaria, núm. 66, 66-001, 1-24.

VERNEAU, R. (1882): "Les inscriptions lapidaires de Archipel Canarien". *Ethnographie*, Paris, 1, 287.

IMAGEN DE CUBIERTA

Pintura rupestre de Tasili (Argelia).